JN024888

宗教学者 / 東京大学名誉教授
島薗 進〔編〕

佐々充昭
立命館大学教授
藤本拓也
金光教国際センター次長
川瀬貴也
京都府立大学教授
山口 広
弁護士
永岡 崇
駒澤大学講師
正木伸城
ライター
中西尋子
大阪公立大学研究員

これだけは知っておきたい

統一教会問題

東洋経済新報社

目次◉これだけは知っておきたい　統一教会問題

序章　解きほぐすべき統一教会問題

島薗進

第1章

統一教会の源流を探る
——植民地朝鮮のキリスト教と統一教会

佐々充昭

第2章 近代日韓のこじれた歴史と統一教会問題

川瀬貴也

第3章

近代日本の新宗教弾圧と統一教会問題

――《反世俗性》のゆくえ

永岡 崇

第4章 韓国の統一教会と日本人信徒

中西尋子

第5章　統一教会の対外政界工作と日本における被害

島薗 進

第6章　統一教会における家族・結婚・性
——金光教の立場から考える

藤本拓也

序章　解きほぐすべき統一教会問題

島薗 進

1　大きな社会的文脈の中で捉える

２０２２年７月８日の安倍元首相殺害は、容疑者の旧統一教会（旧称は正式には世界基督教統一神霊協会、現在は世界平和統一家庭連合）への恨みが動機だったということが、事件後すぐに見えてきた。そこで、統一教会及び同教団と支援関係にあった政治家がなぜそれほどまでに恨まれたのかが問われ、政治家とこの宗教団体との関わりのあり方が注目されるようになった。

あわせて事件後の多くの報道により、統一教会が長期にわたってきわめて多くの人権侵害を重ねてきたことが明らかになった。１９６０年代から２０２２年に至るまでの被害の全体像がようやく見えるようになってきた。また、統一教会と政治家・政党の間に密接な関係があり、人権侵害がはなはだしい統一教会を政治家・政党が守る働きをしてきたのではないかとの疑いが一段と強まった。かねてより知る人ぞ知るではあったが、広く日本の市民社会でその疑いが共有されるようになった。人権侵害のはなはだしい宗教団体が長期にわたって存続し、人権侵害を続け、それを国と政治家と社会が黙認、あるいは軽視してきた。これが「統一教会問題」だが、そうだとすれば社会と宗教、政治と宗教の関係が問われるのは当然のことである（第5章、第7章）。

「カルト問題」ということが強調されると、これは宗教集団の問題ということになる。どういうわけで「カルト」が発生して制御されずに広がってしまうのか。どうすればそれを避けることができるのか。こういう捉え方になる。たとえば、櫻井義秀氏の新著『統一教会――性・カネ・恨（ハン）から実像に迫る』（2023年）は統一教会研究の第一人者というべき著者の宗教社会学的著作だが、「カルト問題」へのアプローチというスタンスをとっている。どうして人々は「カルト」にはまってしまうのか。なぜ「カルト」はそれほどの力をもつのか。こういうことがたびたび起こるというのはなぜか。日本の宗教、日本文化、日本社会の問題なのか。オウム真理教事件と今回の統一教会関係の事件を経て、このような問いが生じること、また、それに的確に答えを提示していくことに関心が向くのはうなずけるところである。

本書はこの問いを軽視するわけではない。なぜ、統一教会はこれほどまでに信徒に抑圧的で金銭収奪に力を入れる教団になったのか。この問題を解明するための手がかりをさまざまな方面から探ろうとしている。だが、本書がそれ以上に重視しているのは広く歴史的文脈、国際的文脈の中で統一教会問題を捉えるということである。

この問題意識は政教関係の国際比較という観点から「公共空間と宗教」という枠組みで統一教会問題を考察しようとした拙編著『政治と宗教――統一教会問題と危機に直面する公共空間』（２０２３年）とつながるものだ。歴史的・国際的文脈という時、政党や政治家と宗教教団の関係という問題は重要な位置を占めている。それを「公共空間と宗教」といった枠組みで捉えることも重要だ。それらも大きな問題であるが、それらだけが重要な問題というわけではない。宗教史的な文脈、ジェンダー問題という文脈、宗教の社会統制という文脈、メディアや学界の対応という文脈、なども含まれる。

日本における統一教会の展開を描き出し分析する書物はすでに多数刊行されてきている（本章の末尾の参考文献に主なものをあげてある）。これに対して、本書は日本の統一教会の事実関係に少し距離を取り、日本と韓国の宗教史を中心に歴史的文脈のもとで、また日米韓３国を中心に国際的な文脈のもとで統一教会問題を捉え直すことを試みる。そうすることによって、統一教会問題を解きほぐし、統一教会をめぐる社会と政治の問題に今後、どう向き合っていくか、その方向性を探ることを目指している。

2 本書が取り上げる諸問題

統一教会をめぐる歴史的文脈、国際的文脈といってもさまざまなものが考えられるが、ここでは本書の諸章で取り上げられており、重要と思われる視点のいくつかを示しておきたい。

日本と韓国の宗教史

本書で注目している歴史的・国際的文脈の第一の側面として日本と韓国の宗教史がある。統一教会は韓国と日本の宗教史の中でどのような位置にあるのか。どのような宗教史的文脈の中からこれほどの人権侵害を起こす宗教教団は形成されてきたのか。このことを理解することで、統一教会の特徴、統一教会をめぐる社会的・政治的葛藤が捉えやすくなるだろう。

統一教会は20世紀中頃の世界的な民衆キリスト教運動の一翼を担った朝鮮の民衆キリスト教運動のある系譜から発展してきた。だが、この系譜はキリスト教の枠をはみ出すような性格をもっており、むしろ朝鮮の新宗教の一つと見ることもできる。戦前の日本の植民地支配の中で、韓国・朝鮮ではキリスト教と新宗教の双方が多くの人々の支持を得た。植民地への抵抗という点ではキリスト教が目立った働きを行い、戦後の韓国でのキリスト教の急成長へとつながった。第1章、第2章に詳しい叙述があるが、統一教会はこうした韓国の大きな宗教史的動向の中で成長し、日本への伝道に取り掛かっている。

特別な宗教的意味を付され合同結婚式を行ったりする背景には、「祝福」と呼ばれる結婚をすることが救いの焦点となるような救済観がある。そこには儒教的な男系系譜を尊び、それによって成り立つ「血統」を重んじる、日本の新宗教には見られない独自の宗教性がある。こうした宗教性の由来とそれが日本の信徒にもたらしたものを明らかにしていく必要があるだろう。家族主義的なモラルの重視やジェンダーによる差別や排除への批判は初期から存在するが、2000年代以降に新たに強化され、日本における政治勢力との関係において大きな位置を占めるようになった。

日本においては、19世紀前半から新宗教の発展が著しく、それらは現世肯定的な救済観をもつという点で共通点が多かった。ところが1970年頃から現世否定的な傾向を帯びた新宗教が発展する傾向が強まる。その中には、キリスト教の影響が濃いものもあり、統一教会とエホバの証人はその代表的なものだ。この二つの教団は、一般社会から切り離された信徒集団を形成する傾向があるが、それは後にオウム真理教によっても継承されるものである。こうしたタイプの新宗教が発展し、信徒を増大させていくようになったのはなぜか。また、そのことが新宗教の社会や政治との関係にどう影響したのか。日本の宗教史の中での統一教会という観点から注目されるところである。

日本と韓国における家族と宗教、ジェンダーと宗教、とりわけ新宗教におけるそれという観点から統一教会問題を考えていくことも重要な課題だ。統一教会は保守的家族観の強調という点で際立った特徴をもつ教団である。それが東アジア的な先祖崇敬や血統意識と結びつき、20世紀後半から21世紀に入り世界的に興隆している家父長的家族秩序保持の宗教潮流に重なることになった。日本ではこれは神社本庁や日本会議といった勢力が支持しているが、具体的な争点を示すほどの凝集力をもっていない。統一教会が特に重要な役割を果たすのは、このような文脈があるからこそである。

一方、創価学会のような政治力のある宗教教団は家族・ジェンダーについては人権重視に近い立場をもっている。統一教会問題に関わって「宗教2世」問題が問われているが、統一教会とエホバの証人のようなキリスト教の影響の濃い新宗教で深刻な事例が多く見られるのに対して、創価学会の若者は「宗教2世」という自覚はもっていても、それを被害として受け止める度合いは少ない。こうした事態は、日本の新宗教における、また広く日韓の宗教史における家族主義の歴史を見直すことによってよりよく理解できるようになるだろう（第1章、第2章、第

4章、第6章、第8章)。

「カルト問題」、あるいは新宗教と社会の葛藤

日本の近代史において新宗教と社会の葛藤がどのように展開してきたか。戦前における新宗教教団やキリスト教集団への抑圧、あるいは取締りの歴史については、多くの研究が積み重ねられ、一般向けの書物がいくつか刊行されてきている。1945年以前に、厳しい抑圧を受けた新宗教として、天理教、大本、ほんみち、ひとのみち教団、創価学会などが知られ、キリスト教徒へのさまざまな抑圧についても取り上げられてきた。一例にすぎないが、拙著『国家神道と日本人』(2010年)、同『神聖天皇のゆくえ』(2019年)、同『明治大帝の誕生』(2019年)をあげておきたい。そこでは、教育勅語や大逆事件なども宗教統制という点で大きな意義をもったことに注目している。戦後、日本国憲法に規定された信教の自由の規定は、こうした戦前の宗教抑圧の歴史への反省を強く意識したものである。

戦後の新宗教への統制事例としては占領期の、右派系の教団への抑圧、たとえば生長の家の谷口雅春の公職追放や、世界救世教や霊友会などへの取締りも注目すべきだし、サンフランシスコ講和後の立正佼成会や真如苑への抑圧事例などがあるが、広く論じられてきてはいない。1970年前後の創価学会の言論出版妨害事件はそれ以後の政教関係に大きな影響をもった出

来事であり、戦後、日本国憲法によって定められてきた政教分離規定に関わる重要な事例となった。

だが、世界的に「カルト」問題（フランスでは「セクト」問題、「カルト」も「セクト」も明確な定義ができず、学術的な用語とはなりえていないので「　」つきで用いる）が注目されるようになったのは、1970年代の後半から90年代前半のことである。本章3節でより詳しく述べるが、米国で衝撃を与えた事件に早くは1969年のシャロン・テート殺人事件があり、大きな事件として1978年の人民寺院の「集団自殺」事件、1984年のラジニーシ教団のバイオテロ事件、1993年のブランチ・ダビディアン事件などがある。欧州では94年から97年にかけての太陽寺院の集団自殺事件が衝撃が大きかった。一方、インドや日本・韓国など欧米の外部から広まり、多くの欧米の若者を引きつける新宗教集団が急速に広まったのも同時代である。

欧米ではこうした「カルト」団体への警戒心が70年代後半には強まり、対策が求められるという意識が広まっていた。韓国でも主流のキリスト教勢力からの厳しい批判の眼差しがあり、統一教会は批判を招くような活動を抑制せざるをえなかった。日本でも「カルト」問題として新宗教教団を捉える見方は提示されるようになったが、80年代後半になるまではそれほど大きな動きにはならなかった。統一教会はそうした時期に、一般社会に対して攻撃的に関わり、次第に批判者が増えていく教団として目立つものだった。しかし、反対運動が広がっても、「カルト」規制の動きへと展開したわけではなかった。メディアによる批判もあまり活発ではなかった。

これについては、統一教会が批判者や弁護士・識者・著述家、また批判的な報道をする報道機関を激しく攻撃し、批判がしにくい状況をつくっていったという事実がある。80年代中頃のその実態を記したものに、日本弁護士連合会「霊感商法被害実態とその対策について（その1）」（1987年7月）、「霊感商法被害実態とその対策について（その2）」（1988年3月）があるが、ここではスペースの都合で詳しく引くことはしない。こうした威圧行動が抑えられなかったためもあって、攻撃的な伝道活動や献金獲得を進めていながら社会統制を受けることなく、教勢拡張に成功する宗教団体の代表的なものとなった。そこで、どうして日本ではそのようなことが可能になったのかが問われるところだ。

ここでさらに問われるのは一般社会に攻撃的に関わる集団に対し、社会がどう対応するかということだ。宗教に対する社会の側の批判的対応はどのようなものだったのか。具体的には報道機関や学界などがどれほど批判の声を上げたか、政治的な抑圧・統制がどう働いたかということが問われる。すぐに思い起こされるのは、19世紀以来の新宗教教団に対する社会の抑圧・統制はどうだったかということである。そして、それらと比べて統一教会に対する社会の反応がどうだったかという問いが重要になってくる。この問いは本書の全体に関わっているが、いくつかの章がここに焦点を合わせている。それらをまとめると、統一教会の発展のさまざまな段階において社会の対応がどうだったかという問いに答える緒口が見えてくるだろう（第2章、第3章、第5章、第7章、第8章）。

韓日米の国際関係

統一教会の日本での伝道活動は韓国、日本、米国の政治的な国際関係を背景として展開された。統一教会は60年代に入って韓国の政権ときわめて近い関係をもち、それを踏み台にして早期に米国、日本の政界へも深い関わりをもつようになった。そのような意味での政治的性格が色濃い新宗教教団は珍しい。韓日米の政治的関係は戦時中から現在に至るまで濃密で複雑な展開をしてきているが、それが新宗教教団の歴史に深く関わっている例は統一教会の他に見出しにくい。韓日米の近現代史という大きな視野のもとで統一教会問題を捉えることが必要な所以である。

統一教会は朝鮮戦争の休戦からさほど時を隔てずに創設され、早くも60年代に米国と日本への伝道に乗り出し、一定の成果を収めている。文鮮明教祖は朝鮮半島北部の出身であるが、一族には日本の植民地支配に抵抗する運動に積極的に関わった人物もいた。日本の植民地支配への強い批判の意思をもちつつ、戦時中にすでに日本で学ぶ経験もしていた。文鮮明が統一教会を創始したのは1954年だが、韓国の政権は日本の植民地支配への批判とともに反共が大きな課題となっていた。統一教会は次第に独裁色を強める李承晩政権のキリスト教よりの立場に乗ろうとしてはいたが、主流のキリスト教勢力から批判的な眼差しを向けられがちであった。反共の立場は政権との連携を探る上からも重要だったと思われる。

それから7年後の61年には強く反共を掲げる朴正熙らによるクーデターが起こり、軍事独裁政権が成立する。統一教会はこの朴政権と太いパイプをもっていた。そして反共（勝共）を強く打ち出して、政権との連携を強めていく。統一教会と朴政権の結合の核には若手の軍人がおり、彼らは統一教会の米国への進出に深く関わったことが明らかになっている。戦後の韓国政権は朝鮮戦争を戦うような情勢に追い込まれたことからも、米国との連携は大きな意味をもっていた。戦後の韓国でキリスト教が大発展をとげたことも、このような政治的連携関係を抜きにして理解はできない。だが、韓国の主流のキリスト教勢力は、ある時期から対日政策などで朴正熙政権と一致できないようになるが、統一教会はますます政権に近づき、韓日米の連携を強める方向で政治への関わりを強めていく。

このような統一教会の姿勢は、冷戦時代には米国と韓国では対立する政治勢力の反共右派と呼んでよいような一方に肩入れするものであり、他の勢力、米国の民主党やリベラル勢力、韓国の主流キリスト教徒と反政府政治勢力から批判を浴びがちであった。それだけに反共を高く掲げて、政治的な支持を得ようとする方向に向かった。日本でも反共右派の支持を得るために力を尽くしたが、日本ではそれを批判する強い政治勢力がいないため、あるいは抑えられていたため、伝統活動と反共活動を結びつけて強力に発展させていくことができたのだった。

以上、見てきたように、統一教会の思想と行動の歴史を顧みると、こうした韓日米の歴史がさまざまに反映していることが見えてくる。（1）韓国に対する日本の植民地支配とその記憶、（2）朝鮮戦争からベトナム戦争へ至る時期の冷戦体制下での反共理念の共有、（3）冷戦体制崩壊後の東アジア国際秩序の再編と宗教右派の政治力の拡大といった大きな文脈が、統一教会の行動に、また統一教会をめぐる政治動向に深く関わっている。本書では、第2章、第4章、第5章がこれに関わるものである。

3　統一教会統制の転換期と世界の諸国

本書は以上のような広がりをもって、統一教会問題を解きほぐそうとするものだが、全体に及ぶ問題意識として、「なぜ日本でのみ長期にわたってはなはだしい人権侵害が継続したのか」という問いがある。以下、このことについて、１９７０年代から80年代にかけての「カルト」

問題の国際比較という視点から、この時期の日本と世界の諸国の状況について瞥見しておきたい。この時期は、世界各国で統一教会に対する対応姿勢が定まっていった時期である。この時期を見ることによって、日本における統一教会問題の特徴がより鮮明になると考える。第１章以下の各章で論じられることに関わって、本書の全体的な構成という点からは、日本における統一教会問題の特徴という参照点を念頭においていただきたい。以下の叙述は、そのための前置きといった意味合いがある。

統一教会はヨーロッパやアジア諸国、さらには中南米やアフリカにも布教を広げてきた。第５章では、70年代から80年代の半ばにかけて米国で統一教会が厳しい批判を受け、それが世界に及んだが、日本だけがその影響を免れたという見通しを述べることになる。ここではそれを先取りして、統一教会に対する同時期のヨーロッパとアジア（台湾）での対応について見ておきたい。

米国の70年代だが統一教会が韓国政権と組んで政界工作を行ってきたことを追及したフレイザー委員会とともに、統一教会の勢力拡大を妨げる要因として「カルト」問題があった。宗教集団が市民に被害を及ぼすことが恐れられるようになったのだ。米国で衝撃を与えた事件に、早くは１９６９年のシャロン・テート殺人事件があり、はるかに大きなインパクトがあった78年の人民寺院の事件があった。１９５５年に米国インディアナ州でジム・ジョーンズによって設立され、70年代にはカリフォルニア州で勢力を拡大した人民寺院という教団は、終末切迫を説き、米国社会を厳しく批判して戦う姿勢を見せていた。有色人種の困窮者支援などで急速に勢力を伸ばしたのだが、奉仕や献金の強要などがあり、被害者の会ができて葛藤が深まった。そこで南米のガイアナに土地を求めジョーンズタウンと名づけ、77年には約1000人が移住した。78年11月にここを連邦議会の議員が訪れるという事態に対応して、ジョーンズは「革命的自殺」を唱え、914人が毒を飲みまた飲まされて死亡した、世界に「カルト」(フランスでは「セクト」)問題の重要性を知らしめる大きな事件だった。

他にも米国のロン・ハバードが創始したセラピー的な宗教運動、サイエントロジー、インドのグル、バクティヴェーダンタ・スワミ・プラブパーダが創始したクリシュナ意識国際協会、これもインドのグル、マハリシ・マヘーシュ・ヨーギーが創始した超越瞑想(トランセンデンタル・メディテーション)、同じくインドのグル、ラジニーシが起こし、80年代半ばにオレゴン州でバイオテロ事件を起こしたラジニーシ教団などが急速に広まり、若者が引き寄せられていった。国教会の抑圧を逃れて理想の地を求めて新大陸に移住した人々を巡礼の父祖とし、信教の自由が尊ばれる米国でも、「カルト」「セクト」への警戒が高まったのが、70年代後半から80年代前半にかけてだった。

ヨーロッパではこれを受けて英国で統一教会が大きな問題になった。ナタリ・リュカ『セクトの宗教社会学』（2014年、原著、2004年）は次のように述べている。

早くも1975年の段階で、イギリス下院の報告書は「チャリティー団体に関する法律の自由放任主義的な寛容につけ込んだ」この集団に対する警戒を強めている。報告書は、統一教会のもつ「洗練された洗脳技術、若者を家族から引き離す傾向…、ファシズムやナチスまがいの組織との政治的関係」などについて告発する種の最初のものである。「統一教会は慈善目的の宗教組織ということになっているが、実際には営利企業との関係を有している…。韓国内では相当な財源を蓄えていて、朝鮮人参茶工場や薬品工場を経営し、小型の銃器さえ製造している」。（104頁）

このように英国議会は統一教会を警戒すべき団体として捉え、そのことを公表していた。こうした環境で霊感商法や強引な勧誘や献金要求を織り込んだ宗教活動をすることはできなかっただろう。リュカは「時間が経過しても（英国当局と統一教会の）関係は改善されなかった。こうして、1995年に予定されていた文鮮明のロンドン訪問は、最終的には内務大臣マイケル・ハワードによって阻まれた」と述べている。「ハワード大臣は「文鮮明師の存在は公衆にとってよくないと判断し彼の追放を指示した」と説明し、統一教会員の活動は「イギリスでは望ましくない」と語った」と続けている（104頁）。マーガレット・サッチャー首相（1979〜1990）からジョン・メージャー首相（1990〜1997）へと引き継がれる保守党政権の時代だが、英国は統一教会の宗教活動を制限する姿勢をとり続けたのだ。

統一教会やサイエントロジーに対して厳しい姿勢をとったヨーロッパの国々は、英国だけでなくドイツ、オーストリア、ベルギー、スイス、フランス、東欧諸国などで、北欧諸国など活動を容認した国もあるが、そこでも強引な勧誘や収奪が長期にわたって行われたわけではなかった。そして、西ドイツでは1980年に「カルト」的団体についての報告書がまとめられ、フランスでは83年にアラン・ヴィヴィアン議員の報告書が出されている（同前、105〜106頁）。

日韓両国の近隣国である台湾の場合はどうか。「台湾政府が統一協会の取締りにのり出したのは75年（昭和50年）2月18日のことである」と茶本繁正は述べている（1977年、56頁）。「日本の内閣にあたる行政院が、内政部（日本の旧内務省に相当する）に対して、世界基督教統一神霊協会の「非法伝教的行為」の「迅速査明取締」を指示したのである。統一協会が台湾で伝道を開始してからわずか数年後のことであった」（同前）。

当初は台湾の蔣介石政権は反共を掲げる統一教会・勝共連合の活動に協力的だった。1970年に日本武道館で開かれたWACL（世界反共連盟）大会は事実上、統一教会・勝共連合が主催したものだが、その名誉議長には台湾国民党の実力者である谷正綱が就任していた。また、71年、国際勝共連合の主催で東京で開かれたアジア勝共大会には、台湾から当時の在日大使館をはじめ、留日華僑連合総会、日華親善協会などの台湾系の団体が後援をしていた。ところが、75年になって、台湾行政院が「迅速査明取締」を命じるに至ったのはなぜか。茶本は台湾の有力紙『聯合報』(2月18日付)を引いて以下のように述べている。

——まず行政院が内政部におこなった指示の内容をみると、原理運動は「善良の風俗と社会の安寧を乱し、国民の心身を害しているばかりか、わが国固有の倫理道徳に違反し、純粋な宗教活動とはいえない」、よって内政部は関係機関とともに調査を急ぎ、取締りをおこなうべし、というものだった。

これによって地方警察はすでに調査を終了し、取締りに入ったが、行政院はこの内政部への指示に先だって、2月15日、教育部(文部省)に「各大学、専門学校の学生、生徒の原理運動への参加厳禁」を通達。もしも、これに従わない場合には「学則によって措置すべし」ときびしい態度を打ち出した。したがって、行政院の原理運動への取締り措置は、まず学生段階をへて、つぎに市民段階へと矢つぎばやに講じられたものである。(57頁)

台湾の民法が適用されたというが、民法第36条には「法人の目的もしくはその行為が法律に違反し、あるいは公共の秩序、善良の風俗を乱す場合には、主管官庁、検察官、あるいは利害関係の請求によって解散を請求することができる」とあるという。

以上、1970年代の半ばを中心に、世界的に「カルト」問題が注目を集めた時期を取り上げ、欧米諸国と台湾を例に、統一教会への警戒に基づく対応策がとられる国が多かったことを見てきた。では、この時期の日本ではどうだったか。74年から75年にかけての動きを見ておこう。

5章でも述べるように、74年5月7日には東京の帝国ホテルで「希望の日晩餐会」が行われ、1700人が参加した。文鮮明の側近で米国政界工作の先頭に立っていた朴普熙（パクボヒ）〔ハングル表記に準拠した〕は「日本の現職国会議員と大臣が多数参席し、当時大蔵大臣で後に総理大臣になった福田赳夫氏が「アジアの偉大な指導者現る。その名は〝文鮮明〟」という歴史的な発言をした」と述べている（朴普熙、2004年、94頁）。さらに、「この記念すべき大晩餐会の名誉実行委員長は岸信介元首相であった。岸元首相は文師の勝共運動に深く共鳴し、文師とも直接会談された。その後亡くなるまで、相互に深い愛情のこもった親交が続けられた」（94〜95頁）としている。

1974年9月28日には世界平和教授アカデミーが創設されている（日隈威徳、1983年、第2部第1章1「世界平和教授アカデミーの正体」）。第2章で示されているように前年に韓国で「世界平和教授協議会」が成立し、日本でも「世界平和教授アカデミー」が成立している（福田信之、

M・A・カプラン、李恒寧共編、1987年、44頁）のだが、国際組織としては74年に日本で創立総会が行われたのだ。初代会長は立教大学総長や参議院議員の経歴をもち、67年、75年の東京都知事選挙にも出馬した松下正寿である。これに先立ち、文鮮明の提唱により「日韓教授親善セミナー」や「科学の統一に関する国際会議」が開かれていた。日本で設立され、会長は日本の学者だが、原案は韓国側から出されKCIAが作成したとされる（佐藤達也、1978年4月）。

米韓日を主な場として活動を続けていく世界平和教授アカデミーだが、日本で設立され多くの日本の学者が加わっており、松下と並んで有力な存在には福田信之もいた。東京教育大学教授の地位にあって多くの反対派教員と対立し、東京教育大の筑波移転推進派として行動し、1980年から86年にかけて筑波大学学長を務めた物理学者である。

76年から78年にかけて米国では議会下院のフレイザー委員会によって、統一教会と文鮮明はその政界工作の是非を問われていた。その後、81年に文鮮明は脱税容疑で起訴され、84～85年に13ヶ月、刑務所に収監された。それを憂えた日本の岸信介元首相は、84年の11月26日にレーガン大統領宛に親書を送った。この岸信介のレーガン大統領宛親書は、さまざまに翻訳紹介されている。『週刊新潮』2022年7月28日号で、「デイリー新潮」サイトでは「『文尊師は誠実な男』 岸信介が統一教会トップを称賛した〝異様〟な機密文書」と題して掲載されたものを引く。「大統領、今日は、貴殿にお願いがございます。貴殿もお知り合いの可能性があると思われる人物、文鮮明尊師に関するものです」。「文尊師は、現在、不当にも拘禁されています。貴殿のご協力を得て、私は是が非でも、できる限り早く、彼が不当な拘禁から解放されるよう、お願いしたいと思います」。

こうした嘆願とともに、文鮮明への称賛の言葉が連ねられていた。「文尊師は、誠実な男であり、自由の理念の促進と共産主義の誤りを正すことに生涯をかけて取り組んでいると私は理解しております」。「彼の存在は、現在、そして将来にわたって、希少かつ貴重なものであり、自由と民主主義の維持にとって不可欠なものであります。私は適切な措置がとられるよう、貴殿に良き決断を行っていただけますよう、謹んでお願いいたします」。日本の与党の有力者が、一宗教団体の指導者をここまで称賛し、他国の元首に嘆願書といってもよいような親書を出したのは注目すべきことである。

まとめ

この序章では、本書の題「これだけは知っておきたい　統一教会問題」の意味するところを、歴史的・国際的文脈のもとで、統一教会問題を理解することとして概説してきた。なかでも力点を置いたのは、統一教会が、なぜ日本でのみ人権侵害が容認される宗教教団として展開したのかという問いである。

繰り返すが、このような問いを投げかける前提として、この宗教教団が多くの人権侵害を行い、多数の被害が報告されたにもかかわらず日本の社会が適切な対応をしてこなかったという事実がある。詳しくは、その事実経過を具に見届けてきた全国霊感商法対策弁護士連絡会の主要メンバーの一人である山口広による第7章の論述をご覧いただきたい。なぜ長期にわたって容認されてきたのか、これが「統一教会問題」という言葉を用いるときの「問題」のなかでも特に重いものである。

では、そのような問題を解きほぐすための歴史的・国際的文脈として、どのようなものが考えられるだろうか。この序章の第2節では、それを、(1)日本と韓国の宗教史、(2)「カルト問題」、あるいは新宗教と社会の葛藤の国際的な歴史、(3)韓日米の国際関係の歴史が統一教会にもたらしたもの、という三つの側面から考えてみた。そして、本書の各章がこの三つの側面から見てどこに関わりが深いかについてもおおよその見通しをつけてみた。

もっともこの序章は多くの章の原稿を編者が受け取った後に書かれており、各章の執筆者がそれを意識して各章を執筆したわけではない。編者なりの整理にすぎない。各章の執筆をお願いした時には、統一教会の歴史の全体を見渡しながら、それぞれの時期の重要な問題がカバーされるように考えつつ、統一教会問題の多様な側面もカバーされることを目指して執筆依頼を行った。各章は、統一教会の歴史の流れにそって、早い時期から近年へと推移するように配列されている。

この序章で述べたような本書全体の見通しは、編者の見方を示したもので、各章の執筆者の執筆意図とは必ずしもかみあっていない場合があることはお断りしておきたい。また、全体の真ん中に位置している編者執筆の第5章「統一教会の対外政界工作と日本における被害」が他の章に比べてだいぶ長い章となっていることももちろん編者の勝手な意思によるものだ。それぞれの章は独立した論考であり、そのようなものとしてお読みいただけることを願うとともに、編者の勝手をご容赦下さるように願っている。

【参考文献】

有田芳生『改訂新版　統一協会とは何か』大月書店、２０２２年

朴普熙『文鮮明師が演出した「レーガン地滑り的大勝利」１％の可能性に賭けた文鮮明師の戦略とは⁉』世界日報社、２００４年

福田信之／Ｍ・Ａ・カプラン／李恒寧共編『文鮮明・思想と統一運動』善本社、１９８７年

郷路征記『統一協会マインド・コントロールのすべて』花伝社、２０２２年、初刊、教育史料出版会、１９９３年

日隈威徳『現代宗教論』白石書店、１９８３年

ナタリ・リュカ『セクトの宗教社会学』伊達聖伸訳、白水社、２０１４年、原著、２００４年

櫻井義秀・中西尋子『統一教会――日本宣教の戦略と韓日祝福』北海道大学出版会、２０１０年

櫻井義秀『統一教会――性・カネ・恨から実像に迫る』中央公論新社、２０２３年

佐藤達也「世界平和教授アカデミーの正体」『現代の眼』第19巻第4号、１９７８年4月

島薗進編『政治と宗教――統一教会問題と危機に直面する公共空間』岩波書店、２０２３年
島薗進『国家神道と日本人』岩波書店、２０１０年
同『神聖天皇のゆくえ――近代日本社会の基軸』筑摩書房、２０１９年
同『明治大帝の誕生――帝都の国家神道化』春秋社、２０１９年
鈴木エイト『自民党の統一教会汚染――追跡３０００日』小学館、２０２２年
茶本繁正『原理運動の研究』晩聲社、１９７７年
山口広『検証・統一教会＝家庭連合――霊感商法・世界平和統一家庭連合の実態』緑風出版、２０１７年、初刊、１９９３年

第1章 統一教会の源流を探る
——植民地朝鮮のキリスト教と統一教会

佐々充昭

1 朝鮮半島北部を中心とするキリスト教の発展

統一教会の創設者である文鮮明(ムンソンミョン)は、朝鮮半島が日本の植民地支配下にあった1920年に生まれ、その後、祖国解放と南北分断、さらには朝鮮戦争を経て1954年に統一教会を創設した。この激動の時代は、まさに朝鮮半島にキリスト教が根づき、その後の韓国におけるキリスト教の発展土台が築かれた時代でもあった。

朝鮮にキリスト教が本格的に流入したのは、欧米列強と通商条約を結び、鎖国政策を廃して開国をした19世紀末以降のことである。これにより欧米のプロテスタント諸派を中心に次々と宣教師が派遣され、キリスト教が広まっていった。特に米国の長老派教会やメソジスト教会による宣教活動は大きな成果をあげた。当時の資料によると、1890年に169名しか数えることができなかったプロテスタントの信者数は、1895年に1590名、1900年に1万9515名、1905年に5万2315名、韓国併合が行われた1910年には22万6791名にまで増加している。[1] 併合当時における朝鮮の人口は約1300万人であったので、総人口に占めるキリスト教徒の比率は2％にも満たなかった。しかし、キリスト教会は先進的な西洋文化を学ぶことができる重要な拠点として、朝鮮の近代化において重要な役割を担った。また、日本の帝国主義支配に対する抵抗勢力としても重要な意味をもった。

文鮮明も、幼少期には伝統的な儒教教育を受けたが、1930年頃に家族全員でキリスト教に改宗して熱心なキリスト教信者となった。植民地期における文鮮明とキリスト教との関わりを考える際に、特に考慮しなければならないのは、朝鮮半島の北部（今の朝鮮民主主義人民共和国、以下では北朝鮮とする）がキリスト教の中心地であったことである。なかでも平安道は米国北長老派教会の中心的な伝道地であり、平安南道の平壌をはじめ、平安北道の宣川、定州、新義州はキリスト教が最も盛んな地域であった。とりわけ平壌は「東洋のエルサレム」と称されるほど、キリスト教が盛んであった。1907年の報告によると、平壌の当時の人口が4万～5万人、日曜日の礼拝に出る人が1万4000人もいた。日曜日には町の3分の1の人々が、伝統的な白い民族服を着て、聖書を手にもって教会へ向かったといわれている。

このように朝鮮半島でキリスト教が最も盛んな北部地域に生まれた文鮮明も、自らの救いをキリスト教に求めて、熱心なクリスチャンとなっていった。そして、1930年代に朝鮮半島北部に発生した神秘主義的な神霊派集団と関わる中で、統一教会を創設するに至る。以下では統一教会の資料を検証しながら[2]、文鮮明がどのような経緯でキリスト教に入信したのか述べてみたい。

2　文鮮明のキリスト教入信

文鮮明は1920年陰暦1月6日（陽暦2月25日）、北朝鮮の平安北道定州郡徳彦面上思里（当時は徳達面徳星洞）2221番地に生まれた。もとの名前は「龍明（ヨンミョン）」であったが、「龍」は聖書的にサタンを意味するという理由で、朝鮮戦争後に統一教会設立を準備する頃から「鮮明」と名乗るようになった。戸籍上では1964年にソウル民事地方法院で「鮮明」に改名している[3]。

父・文慶裕（ムンギョンユ）と母・金慶継（キムギョンゲ）の間には13人の子が生まれたが、そのうちの5人は早く亡くなり、8人が無事に育った。文鮮明は二男である。本貫（先祖の発祥地）は全羅南道羅州の東にある南平である。曽祖父・文禎屹（ムンジョンフル）の時代に数千石の農業に従事して経済的に相当な財をなしたという。禎屹には3人の息子がおり、長男が致国（チグク）、二男が信国（シングク）、三男が潤国（ユングク）である。長男の文致国が文鮮明の祖父にあたるが、文鮮明の人生に大きな影響を与えたのは、大叔父にあたる三男の文潤国（1877～1958）である。文潤国は1910年に朝鮮キリスト教長老会に入信し、1914年に平壌長老神学校に入学した。1918年に神学校を卒業した後、徳興教会など三つの教会で牧師を務めた。すぐ後で述べるが、徳興教会は文鮮明が少年時代に通った長老派教会である。

文潤国は1919年の3・1独立運動において名を残した著名な独立運動家でもあった。定州は独立運動が激しく展開された地域であり、文潤国はこの地で独立示威運動を主導した中心人物であった。彼は日本の官憲に逮捕され、2年の懲役を言い渡されたが、翌1920年に恩赦により減刑となって出獄した。その翌年、彼は満州に住む金粛済（キムスクジェ）牧師を通して独立軍資金7万円を上海臨時政府に差し出したとされる。この時、自分の財産はもちろん一族の財産まで売り払ってしまった。そのために一族からつまはじきにされた。解放後、独立運動の秘密資金の件が明らかとなり、1977年に韓国独立運動の功労により大統領表彰（第4563８号）を受け、1990年にも建国勲章愛族章（第1159号）を叙勲されている。文鮮明が民族的な自負心をもつ上で、文潤国の存在は非常に大きなものであったと考えられる。

この3・1独立運動の翌年、文鮮明は定州の地に誕生した。平安北道の中心地である定州は当時、2万人余りの信徒を擁していたといわれ、人口の多くがキリスト教徒であった。[4]文鮮明は幼少期に書堂に通って伝統的な儒教教育を受けたが、14歳になった1934年に編入試験を受けて五山学校の3学年に入学した。この学校は定州出身の独立運動家・李昇薫(イスンフン)が1907年に設立した私立学校である。李昇薫は1911年に安岳事件で済州島へ流配され、同年に発生した「百五人事件」の首謀者の一人に見なされてソウルに押送された後、1915年まで獄中生活を送った。出獄後すぐにキリスト教の洗礼を受けた。彼は3・1独立運動で「独立宣言書」に署名した人物でもある。文鮮明はこのように民族色が強い五山学校にわざわざ編入試験を受けて入学したのである。しかし、その翌年に定州公立普通学校に転校している。その理由について、五山学校では日本語が話せないようになっており、日本語を学ぶために転校したと述べている(『路程』①:108頁)。

その間、文鮮明が10歳を少し過ぎた頃に、文一家は全員キリスト教に入信している(『路程』①:107頁)。文鮮明の兄と姉が精神病を患ったのがきっかけであったとされている。ちょうどこの頃、結婚した文家の次姉(文孝淳(ムンヒョスン))が精神病にかかった。嫁ぎ先の義父の弟が昔、山で虎に食べられた。そのために嫁ぎ先の家では年に一度祭祀を行い、虎の好きな犬の肉を供えて供養をしていた。ところが、この年に次姉が、「虎の霊なんてあるはずがない」と言って、供え物の犬の肉を食べてしまった。すると、「〝人食い虎〟の霊が彼女に乗り移り、錯乱した」ようになった。しばらくして快方に向かって家族がホッと胸をなでおろした矢先、今度は長男の文(ムン)龍壽(ヨンス)が精神に異常をきたした。龍壽は屋根の上にあがったり、包丁をもって「キリスト教徒は皆殺しにしてやる」などと叫び出したりした。この長男の病気を治すために文一家は教会に通うようになった。文一家が通うようになった徳興教会は、かつて大叔父の文潤国が牧師を務め、李明龍(イミョンヨン)（3・1独立運動の民族代表33人の一人）が長老をしていた教会である。文一家が通うようになった時、教会の牧師は崔宅奎(チェタッキュ)であった。崔牧師はどんな精神病でも癒すことのできる人として有名であった。その後、崔牧師の祈禱と指導により龍壽の精神病は快復していったという(5)。

このような出来事を通して、文鮮明は熱心に教会に通い始め、キリスト教の信仰を深めていった。そして、15歳（数え年で16歳）になった年に重要な出来事が起こる。文鮮明の生家から数キロほど離れたところに猫頭山があった。この年（1935年）の4月17日、復活祭を迎える時、祈りでずっと夜を過ごした後、明け方になって、イエスが突然目の前に現れた。そして「苦しんでいる人類のために特別な使命を果たしなさい」と語られた。このような召命体験をした後、文鮮明は1930年代に登場したキリスト教系の神秘主義集団と深い関わりをもつようになる。以下では、これらの集団がどのように発生したのか概説してみたい。

3 1930年代におけるキリスト教系神霊派集団

1930年代に入ると、朝鮮のキリスト教会は朝鮮総督府から各種の弾圧を受けた。また、宣教師を含むキリスト教の指導者は、日本の植民地政策を認めて、政治にはできるだけ関与せず、信仰の内面的深化を求める傾向が強くなっていた。このような時代状況の中で、キリスト教の本拠地であった朝鮮半島北部において、「霊的（spiritual）」な領域に没入する神秘主義的な信仰集団が数多く発生した。これらの集団は正統なキリスト教の教義を大きく逸脱した教えを説いたために、既成教会から「異端」と認定された。

文鮮明をはじめ、草創期の教団幹部の中にはこれらの集団と関わりをもった者が多くいる。統一教会ではこれらの集団を「神霊教団」と称し、それらが教団の源流となったことを明らかにしている。たとえば、文鮮明の御言集（みことば）を見ると、朝鮮半島を西側と東側に分けながら、西側の鉄山では女性が神霊役事（ヨクサ）〔神の御業を意味する〕をし、東側の元山では男性が神霊役事を行ったとし、その三代にわたる系譜を、西側（女）「金聖道（キムソンド）―許孝彬（ホヒョビン）―朴老婆（パク）」と、東側（男）「白南柱（ペクナムジュ）―李龍道（イヨンド）―金百文（キムベクムン）」に分類し、この二系統を統合したのが金百文であったと位置づけている（『路程』②：32〜33頁）。これに関して、正統派キリスト教の研究者も、1930年代に登場したキリスト教系神秘主義集団について研究を行っている。[6] しかし、どれも規模の小さな集団であるために、一部の著名な牧師を除いてはあまり資料が残されておらず、統一教会の記録に依拠しながら研究を進めているのが現状である。本章ではこれらを「神霊派集団」と称することにして、統一教会側が主張する「元山派」と「鉄山派」の系譜をたどりながら、各集団が創設された沿革とその特徴について概説してみたい。[7]

復興師・李龍道と元山接神派・白南柱の合流

韓国では、キリスト教のリバイバル（revival）、すなわち集団的な信仰覚醒運動のことを「復興（プフン）」といい、カリスマ的なリバイバリストを「復興師（プフンサ）」と呼ぶ。朝鮮では併合前の時期から、しばしば大きなリバイバル（復興運動）が発生した。1903年に朝鮮半島北部咸鏡南道東岸の港町である元山でリバイバル（元山復興運動）が起こったのを嚆矢（こうし）として、1907年にも章台峴（チャンテヒョン）教会を起点として平壌で「悔い改め、祈り、伝道」の一大リバイバルが起こった。これを平壌大復興運動という。

そして、1930年代にも大きな復興運動が起こった。これを主導した人物が李龍道（1901〜1933）である。植民地期のキリスト教史において李龍道はとても重要な人物なので、簡単に彼の経歴について述べておこう。李龍道は1924年にメソジスト派の協成神学校に入学したが、肺結核を患って休学を繰り返した。25歳の時に病気の静養をかねて江東に行き、当地で強烈な聖霊体験をした。これを機に彼の信仰生活は一変した。彼は１９２８年に神学校を卒業した後、牧師として活動したが、その傍らで全国を伝道旅行して教派の区別なく復興会を開いた。彼の復興会は、聖霊の導きによって4～5時間も続く熱狂的なものであり、全国の教会にリバイバルを起こした。李龍道の思想は決して異端的なものではなかった。しかし、神学的な議論や形式的な儀礼に拘束されることを嫌い、「キリストとの合一」という神秘的一体感を重視し、苦難のキリストとの「愛の融合」を強調するなど神秘主義的な傾向を強く帯びたものであった。

李龍道の導く復興会は熱狂的で神秘主義的なものであったために、晩年になると既成教会から危険視され批判をされた。その理由の一つに、元山にいる白南柱（１９０１～１９４９）ら一派と交わって、いわゆる接神劇に関わったことがあげられる。白南柱は20代でキリスト教に入信し、26歳の時に長老派の平壌神学校に入学して１９３０年に卒業した。ヘブライ語やギリシャ語に堪能で神学校時代から語学の天才といわれた。彼は神学校を卒業した後、元山にあるマルタウィルソン（Martha Wilson）女子神学院の教授として赴任した。元山は１９０３年に朝鮮最初のリバイバルが起こった場所でキリスト教の盛んな地域であった。

この元山で白南柱は、１９３０年代に間島（中朝国境付近の朝鮮人集住地域、現在の延辺）から元山に来た韓俊明（ハンジュンミョン）や李浩彬（イホビン）らと交流した。韓俊明は白南柱の妻の弟であるが、彼も「語学の天才」という別名がつけられるほど外国語に堪能であった。李浩彬は、李龍道と同じく協成神学校を卒業した後、メソジスト教会の教役者となり間島の教会で活動をしていた牧師である。彼らは頻繁に会って原書で聖書を読みながら神学を研究した。また彼らは、スウェーデンの神秘思想家スウェーデンボルグ（E. Swedenborg）やインドのキリスト教伝道者サンダー・シング（Sunder Singh）の神秘思想に関心をもち、それらを翻訳・紹介しながら神秘主義的な傾向を強めていった。

ちょうどその頃、元山のメソジスト教会に劉明花（ユミョンファ）という女性信徒がいた。彼女は1927年頃から自分にイエスが「接神〔神がかりのこと〕」したと主張し、イエスの姿に仮装して他の女性たちと降神劇を行っていた。彼女は入神状態で数多くの異言・預言を語り、元山地域で相当な影響力をもった。白南柱は韓俊明や李浩彬らとともに劉明花に接触し、彼女の接神をイエスの「親臨（直接降臨）」と認めてしまった。そして、李龍道もこの元山一派と関わりをもつようになる。1932年に李浩彬が李龍道に手紙を送り、「劉明花こそスウェーデンボルグやサンダー・シングを凌駕する預言者である」と紹介したのがきっかけであった。そして、李龍道は劉明花のいる元山に出向いて、彼女の行う接神の中でイエスの声を聞いたと錯覚し、ついにその前にひれ伏して「主よ！」と語りかけ、泣きながら祈りを捧げた（これは「主よ事件」と呼ばれている）。

その後、韓俊明は、李龍道に紹介状を書いてもらって１９３２年に平壌に出向き、劉明花や李維信(ユシン)ら接神女の降神劇を行って大騒ぎを起こした。これらのことは、李龍道が既成教会から批判される決定的な契機となった。長老派教会では１９３３年の総会において李龍道を「異端」と認定した。また李龍道が所属していたメソジスト教会でも査問委員会が組織され１９３３年に彼を休職処分にした。

　このような事情の上に持病が悪化したために、李龍道は休養を兼ねて元山に入った。ここで、白南柱・李浩彬・韓俊明・劉明花ら接神派の活動に本格的に合流した。この頃、白南柱は１９３２年に『新しい生命への道』という冊子を作成した。それは、聖書の権威や三位一体論を否定し、天界に対する異説を説くなど、スウェーデンボルグの神秘思想の影響を受けたものであった。また、時代を三つに区分して、第一時代は旧約時代、第二時代は新約時代、第三時代は「新しい生命の道」時代とし、特に第三の時代については「神が人間の中に入ってくるインマヌエルの時代」であると主張した。後にこの三時代区分論は、「再臨主（メシア）」が人間として朝鮮半島に生まれる時代準備論として、他の神霊派集団に共通する教義となっていく。統一教会の教理においても「新約・旧約・成約」時代論として登場してくることになる。その他にも、元山接神派では、イエスの誕生日（クリスマス）は12月25日ではなく１月３日であると主張したが、この教えも他の神霊派集団に引き継がれていき、統一教会でも採用されている。

このようにして、彼らは劉明花の「接神」をスウェーデンボルグの「入神」と同じものとみなし、ますますその啓示を信じていった。劉明花はイエスの「親臨」は朝鮮にだけあると主張し、既成教会から分立して、新しい教会の設立を指示した。そして、彼女の啓示に従って、李龍道・白南柱・李宗鉉（イジョンヒョン）の３名を設立発起人として１９３３年６月に「イエス教会」が創設された。この時、李龍道が宣道監（代表）に就任した。また同年８月に「神学山」という修道院式の神学校が設けられて、白南柱が修道監に就任した。この時、李龍道の執礼によって白南柱は牧師の按手（あんしゅ）を受けた。しかし、そのわずか４ヶ月後の10月に、李龍道は持病によって32歳（数え年で33歳）の年齢でこの世を去った。李龍道が死去した後、同年11月に李浩彬が後任の宣道監に任命され、平壌に中央宣道院が設けられた。また翌年の１９３４年１月から『イエス』という機関誌を月刊で発行した（１９４１年に廃刊）。

しかしながら、李龍道が亡くなった直後、大きな事件が起こった。白南柱は、妻が断食祈禱中に亡くなると、その２ヶ月後に神学山にいた女性信者と「天国結婚」と称する行為を行って妊娠をさせてしまったのである。これによって白南柱はイエス教会から追放処分を受けた。そのために、白南柱は神学山を離れて、金聖道（１８８２～１９４４）という女性が組織した別の神霊派集団に合流した。以下ではこの集団の概略について述べてみよう。

金聖道の聖主教と許孝彬の腹中教

金聖道は、統一教会において「鉄山派」と位置づけられる神霊派集団の元祖となった女性である。この一派は、統一教会と非常に関係の深い集団であった。文鮮明の妻である韓鶴子（現在、世界平和統一家庭連合の総裁）の実母である洪順愛（１９１４〜１９８９：統一教会では「大母様」と称されている）が、この一派と関わりをもったからである。

ここで簡単に洪順愛の経歴について述べておこう。[8] 洪順愛は文鮮明と同郷の定州出身で、長老派の熱心なキリスト教徒の家に生まれた。その後、洪一家は平安南道の安州に引っ越した。洪順愛は19歳の時まで長老派の教会に通っていたが、１９３２年に李龍道や黄国柱（１９０９〜未詳：黄海道長淵郡出身）の復興集会に参加して大きな感銘を受けた。黄国柱は、間島にある龍井中央長老教会の信徒であったが、１９３０年代に神霊的な復興会を行った人物として知られている。１９３０年頃にイエスが現れて、頭がイエスの頭に変えられ（「首替え（목가름）」）、血がイエスの血に置き換えられる（「血分け（피가름）」）という神秘体験をした。その後、１９３１年頃に追従者たちを連れて、ソウルまで「新エルサレム巡礼」を行った。その後、黄国柱は１９３０年代にソウルの三角山に祈禱院を設けて「首替え」と「血分け」の教義を教えた。１９３３年11月に『霊界』という雑誌を刊行して自分の信仰と思想を伝えようとしたが、長老

派教会の総会で「異端」として断罪された。

この黄国柱の巡行集会に、洪順愛も同行した経験があるという。これに関して、洪順愛は「復興集会の時には叫び声を上げて祈禱しながら霊的な御業（みわざ）を行った。一行は黄国柱伝道師の4歳になる息子をおぶって巡回し、黄（ファン）ウンジャという妹も聖霊の火をつけながら同行した」（洪順愛、2007年、33頁）と述べている。このような体験を機に、洪順愛は1933年から3年間、安州にあるイエス教会（李龍道が創立した前述の教会）に通うようになった。1934年に洪順愛は韓承運（ハンスンウン）と結婚したが、イエス教会の宣道監である李浩彬牧師が主礼（結婚の儀式を執り行う人）を務めている。夫の韓承運も篤実なキリスト教信者であり、初期イエス教会の中堅幹部として活動した。

こうして神霊運動に関心をもった洪順愛は、その後、母親とともに鉄山の金聖道を訪れ、1936年から8年間は金聖道が組織した聖主教に所属した。ちょうど鉄山の聖主教に通っている頃、洪順愛は1943年陰暦1月6日（陽暦2月10日）に安州で韓鶴子を産んでいる。その後、金聖道が死去すると、1944年から6年間、彼女の後継者である許孝彬夫人の腹中教に所属した。その後、朝鮮戦争の直前に家族とともに越南し、1955年12月に統一教会に入信した。このように洪順愛は、金聖道一派の「生き証人」ともいえるような人物であった。

その他にも、金聖道の息子である鄭錫天（チョンソクチョン）と孫の鄭壽源（チョンスウォン）が1955年に統一教会の信者となっている。[9] 鄭壽源の証言によると、祖母の金聖道は亡くなる前に、「淫乱で非難される教会があれば再臨主に会うことができる」という遺言を残したという。それで、1955年に梨花女子大学事件で統一教会のことが新聞報道されると、父親の鄭錫天とともに統一教会を訪ねた。そこで1週間、原理の話を聞いたところ、祖母が主張したことと同じであるばかりか、より具体的で詳しかった。そのためにすぐ主日礼拝に参加して、統一教会の信者になったと証言している。以下では、これら元信者たちの証言や回顧談に基づいて、この集団の沿革と特徴について述べてみたい。

金聖道は1882年に平安北道鉄山郡に生まれた。27歳年上である夫の三番目の嫁として苦労をし、長男を病気で亡くした後、1906年にようやく二番目の息子・鄭錫天を産んだ（後に統一教会の信者となる人物である）。その後、精神病を患い、キリスト教会に通ったところ3ヶ月で病気が治った。これを機に金聖道は熱心なキリスト教信者となった。そして1923年に祈禱中に神がかり、入神状態でイエスと対話して「直通啓示」を受け、病気治療を行ったりするようになる。金聖道の後孫たちによってその教えが伝えられているが、罪の根は善悪の木の実を食べたことからくるのではなく、男女の姦淫が堕落の原因であり、再臨主は雲に乗ってくるのではなく、女性の体を通じて人間として現れること等を説くものであった（「鄭壽源の証言」洪順愛、2007年、48頁）。

金聖道は１９２５年頃に既成教会から「異端」と認定されて除名処分を受けたが、家に礼拝堂を設けて追従者が多数集まった。やがて追従者から「新しい主様（새주님）」と称され、この一派は「新しい主派（새주파）」と呼ばれた。また、「感謝の歌」「生命歌」「新天歌」などの新しい歌を歌いながら、いつも感謝の心を表したことから「感謝教」とも呼ばれたという。その後、この一派は元山の接神派と密接な関係をもった。１９３２年に李龍道・白南柱・李浩彬が金聖道のもとを訪問して交流が行われるようになったのである。そして、１９３３年にイエス教会が設立されると、「新しい主派」はこれに合流し、鉄山にある金聖道の家に礼拝堂が置かれた。この時、金聖道の息子の鄭錫天がイエス教会の「福音使」に任命されている。

そして李龍道の死後、いわゆる「天国結婚」問題を起こしてイエス教会から追放処分を受けた白南柱が、１９３５年に鉄山に赴いて金聖道と合流し、同年10月に「聖主教」という教団をつくった。聖主教は平壌に本部を置き、鉄山をはじめ安州などに20ヶ所も集会場をもつほど拡大した。しかし、金聖道は神社参拝に反対したために１９４３年に逮捕・投獄され、釈放後まもない１９４４年に62歳でこの世を去った。

この時、聖主教の本部である平壌教会は、李一徳・許孝彬夫婦の家に置かれていた。金聖道が亡くなると、夫婦は昼夜を問わず祈った。すると、許孝彬夫人に不思議な現象が起こった。突然お腹が動き出し、主が現れて許孝彬を「お母さん」と呼んだのである。この体験の後、許孝彬は霊通して「直通啓示」を受けるようになり、信徒たちが再び集まって「腹中教」と呼ばれるようになった。信徒たちは「再臨主が現れるための準備をしなければならない」という許孝彬の啓示に従い、幼い時から大人になるまでの服をつくる準備をした。全信徒が財産のすべてを捧げて高価な生地を購入し、再臨主が子どもから大人になるまでに着るすべての服をつくり、大きな保管箱がいっぱいになるほどであった。このような行為が民衆を搾取する詐欺と見なされ、1946年に北朝鮮当局によって許孝彬と幹部らは逮捕された。そして朝鮮戦争の混乱によってこの集団は消滅した。

4　世界基督教統一神霊協会が設立されるまでの経緯

前節で述べた神霊派集団と関わりをもちながら、文鮮明はその教えを学んでいったと考えられる。以下では統一教会が創設されるまでの過程について述べてみたい。

金百文のイスラエル修道院と文鮮明

18歳になった文鮮明は1938年に定州を離れ、ソウルの京城商工実務学校電気科に入学した。この学生時代に、イエス教会の明水台教会に通っている。解放以前のイエス教会は李浩彬が代表を務めたが、教会が19ヶ所、信徒数は約2000名ほどであった。漢江沿いの黒石洞にも明水台礼拝堂が設けられていた。この教会に文鮮明は通ったのである。文鮮明は日曜学校の教師として学生たちを指導したとされる。

その後、1939年にいわゆる「創氏改名」が公布され翌年から実施された。この時、文鮮明は「江本龍明」に創氏改名している。その後、1941年に京城商工実務学校を卒業して日本へ渡り、1943年に早稲田高等工学校電気工学科を卒業した。その後すぐ朝鮮に戻り、1944年に鹿島組京城支店電気部に就職した。この時期も文鮮明は明水台のイエス教会に通っている。そして、解放前の1944年にこの教会で李浩彬を主礼として崔先吉（チェソンギル）と結婚式をあげた。先に述べたように、後に文鮮明の義理の父母となる洪順愛と韓承運が1934年に結婚式をあげた際にも、李浩彬が主礼を務めている。奇しき縁と言えるだろう。また、崔先吉は文鮮明と同郷の定州出身であり、長老派教会の篤実なキリスト教信者であった。後のことであるが、崔先吉は1945年に息子・聖進（ソンジン）を産んだ後、1957年に文鮮明の女性問題（いわゆる「混淫」問題）などを理由に離婚している。

こうして1945年8月15日、解放の日を迎えた。解放直後、文鮮明はイスラエル修道院の上道洞教会を訪ね、1945年10月から翌年の4月までの6ヶ月間、金百文（1917〜

１９９０）のもとで学んだ。ここで金百文の経歴について述べておこう。金百文は慶尚北道漆谷の出身で、もともと宗教にはあまり関心がなく、医者になることを目指していた。彼は大邱医学専門学校４学年に在学中、夏休みにインターン実習を兼ねて咸鏡北道清津にある道立病院に行った。その時、神霊派の集会に参加して感銘を受けた。それを機に、ある伝道師の紹介で元山の神学山を訪れて白南柱の弟子となった。白南柱が１９３４年に「天国結婚」問題で元山を追放された時も金百文は彼についていった。翌１９３５年に金聖道一派と合流して聖主教が設立された時、設立行事の司会は当時18歳であった金百文が務めたという。

その後、金百文は１９４０年ソウルに開校された朝鮮神学院に入学したが神社参拝に反対し、京畿道坡州郡に隠棲した。そして解放直前の１９４５年、同地に「耶蘇教イスラエル修道院」を設立した。解放後はソウルの上道洞に礼拝堂（教会）を設けた。金百文の回顧談によると、１９４６年３月２日に行った集会で「キリスト・イエスが瞬間的に『現顕』する」という体験をした。後にこの日は「開天の日」として記念されるようになった。このように神霊現象が多発している頃、文鮮明は金百文の教えを学び、彼の補助引導師を務めたのである。また、金百文は１９４６年から『基督教根本原理』の執筆にとりかかり、１９５８年に同書を刊行した他、１９５４年に『聖神神学』を出版した。

すでに多くの研究者が指摘しているように、金百文の『基督教根本原理』や『聖神神学』は統一教会の聖典である『原理講論』の土台となったものである。文鮮明は金百文の教えを踏襲しながら、それに陰陽二元論や再臨主（メシア）韓国誕生説など独自の思想を織り交ぜて『原理原本』（1952年脱稿）を著したと考えられる。[10] たとえば、金百文の『基督教根本原理』では、三位一体である「父と子と聖神」に対応した「旧約・新約・成約」の三時代区分論を述べた上で、「成約」の時代に「人類歴史六千年の完成として地上天国が実現される」ことを説いている。とりわけ注目すべきなのは、次の箇所である。

女人エバを誘引したように、善悪果的犯行とは、蛇身として現れた悪霊との肉体的淫行をいうのである。即ち蛇身として直接的な肉体性交を犯したことから、エバは女子の処女貞操を略奪された。そして、血統に及んだその罪悪性、即ち肉体の性欲感をそこから受け、それを以て創造本性の愛の反対性理である情欲の肉性として悪化してしまったのである。
（金百文『基督教根本原理』一成堂、第二篇：堕落原理、第二章：堕落原理論、第二節：エデンの堕落史、3善悪果の犯行、485頁）

また、金百文の『聖神神学』では、聖父時代に「割礼」、聖子時代に「洗礼」という宗教儀式があったが、聖神〔聖霊を意味する〕時代には「体礼」と定めることができるとしている（金百文

『聖神神学』平七社、134頁)。「体礼」とは「キリストの聖体(血と体)を食べること」と説明されている。これは通常のキリスト教会でいうと「聖餐式」のことを指すと考えられる。しかし、統一教会では、これに相当する部分がサタンの血を浄化する儀式として説明されている。たとえば、文鮮明が最初に著述したという『原理原本』では次のように記述されている。

アダムとエバの堕落によって悪の血を受けたために、子孫たちに悪の血が流れるようになった。この汚れた血を受けてサタンの子孫として人々を従順にさせた。一人のサタンから繁殖した人間に対して、神が再び御心を成就するためには汚れた血を清めなければならない。この清めのために神に絶対的に従順する人を立てて、サタンから受けた血を清めるための摂理を立てられた。(金正燮編『原理原本』記録第1巻、105頁、日本語訳は筆者が修正をほどこした)

このように述べた上で、「第二のアダムであるイエスが成就できなかった理想部分を、第三次のアダム格が現れて血代転換する」と説いている。これはいわゆる「血分け」教義の核心的な部分なので、また後で詳しく説明することにする。

解放後の越北と越南、そして統一教会の創設

その後、文鮮明は1946年6月に北朝鮮へ渡った。これに関して、文鮮明は神の啓示に従ったと述べている。北朝鮮はキリスト教の中心地であり、神社参拝に反対した教会指導者も平壌刑務所に収監されていた。解放直後の頃は、刑務所から出てきたいわゆる「出獄聖徒」たちを中心にキリスト教界の再建が試みられていた。文鮮明も「東洋のエルサレム」と呼ばれたキリスト教の中心地・平壌で、金百文から学んだ教えを実践しようとしたのではないかと考えられる。

しかし、平壌で伝道活動を行っていた文鮮明は、社会秩序紊乱(びんらん)罪で5年の懲役刑を宣告されて、1948年6月に興南窒素肥料工場の特別労務者収容所に収監された。この収容所で文鮮明は2年8ヶ月の間、強制労働に従事した。肥料の原料となる硫酸アンモニウム(硫安)を叺(かます)(大袋)に入れるのが仕事であったが、囚人の半数が1年以内に死ぬという残酷の一語に尽きる工場であった。しかし、1950年6月25日に朝鮮戦争が勃発したために、同年10月興南収容所から脱出することができた。こうして故郷にいる両親・兄弟ら家族を残したまま、韓国へ逃れてきたのであった。解放後の北朝鮮における伝道活動については謎に包まれた部分が多いので、また次節で詳しく取り上げることにしたい。

その後、文鮮明はソウルを経由して、１９５１年１月に釜山へ避難した。釜山では１９５１年５月から約１年間をかけて『原理原本』を執筆し、教会創立の準備をした。この時に集まってきた重要なメンバーの一人に劉孝元（１９１４〜１９７０）がいた。劉孝元は、文鮮明と同郷の定州出身であった。劉孝元の家は三代にわたる熱心なキリスト教徒であり、彼も定州にある長老派の冠山教会に通っていた。１９３３年に五山高等普通学校を卒業した後は、京城帝国大学医学部に入学したが、股関節カリエスのために中退した。闘病中、聖書の研究に心血を注いだという。そして１９５３年暮れに文鮮明が釜山の影島で行った復興会に参加して信者となった。同郷であったことから文鮮明の信頼は厚かったと思われる。

その後、１９５３年７月に朝鮮戦争が休戦となったのを機に、文鮮明は信徒らとともにソウルへ上京し、１９５４年５月１日にソウル市城東区北学洞で「世界基督教統一神霊協会」を創設した。統一教会の初代会長は劉孝元が務めた。彼が会長を務めている間、１９５７年に『原理解説』が刊行され、それを補完修正して１９６６年に『原理講論』が出版された。これらの教書をまとめながら統一教会の教義・教理を体系化する上で、劉孝元は絶大な貢献をした。

5　解放後、北朝鮮における伝道活動と「血分け」の謎

文鮮明の活動経歴の中で大きな謎に包まれた時期がある。北朝鮮に渡った1946年6月から、興南収容所に収監される1948年6月までの時期である。この時期に関しては、文鮮明の御言集に記載された回顧談、統一教会がまとめた教団史、統一教会から離脱した元信者の証言内容が各々異なっており、統一教会設立前史における最大の謎となっている。その理由は、いわゆる「血分け」の実践と関連があるためであると考えられる。

「血分け」は韓国語で「피가름」という。「피」は「血」、「가름」は「分けること、取り分けること」という意味である。意訳すると「古い血を新しい血に取りかえる」という意味になる。具体的には、姦淫によって汚れた血を聖神（神霊派では「聖霊」のことを「聖神」という）によって浄化された人間との肉体的交感（すなわち性交）によって清めることを意味する。この教義は1930年代に登場した神霊派集団から出てきたものであり、「血代交換」あるいは「霊体交換」とも呼ばれた。この「血分け」によって清められた女性は、別の男性と「血分け」することによってその者の血を清めることができ、さらにこれらの男女と「血分け」した男女も血が清められるとされた。このようにして「血分け」の実践は、リレー方式で集団的な性行為を誘発し

たために「混淫」とも称された。

しかしながら、「血分け」の実態を把握することは非常に難しい。このような行為は絶対的な秘密とされてきたからである。しかし、統一教会に関しては、教団から離脱した元幹部の証言によって、草創期の統一教会で「血分け」が実践された事実が暴露されている。[11] その実態を最も詳しく明らかにしたのが、朴正華（パクチョンファ）の『六マリアの悲劇』（恒友出版、１９９３年）である。朴正華は、興南の収容所で文鮮明と出会って以降、文鮮明の秘書役をつとめた側近中の側近であり、本書では初期統一教会で行われていた「血分け」の実態が赤裸々に記されている。本書が出版されると、統一教会側は多額のお金で朴正華を買収したとされる。それだけでなく、朴正華の暴露本を否定するような『私は裏切り者』（世界日報社、１９９５年）という本が日本で出版された。この批判本に対して朴正華は、当時日本の世界日報社社長であった石井光治が書いたものであると後日証言している。また、その翌年に『六マリアの悲劇』を韓国語に訳した『野録統一教会史』（큰샘出版社、１９９６年）が韓国で出版された。このことから朴正華自身、証言を撤回する意思はなかったと考えられる。

しかしながら、統一教会の資料にはこのような事実が一切記されていない。むしろ「血分け」に関する記録を意図的に削除した形跡が見受けられる（教団史における記述のぶれはこれに起因すると思われる）。また、元信者たちの証言も細部においては一致しない点が多い。男女の性交という最もプライベートな事柄であるために、完全な実態を把握することは非常に困難であるからである。そのことを踏まえた上で、証言の食い違う各記録を照合させながら、最大の謎である「血分け」の問題に迫ってみたい。

北朝鮮における文鮮明の逮捕理由

統一教会の教団史によると、文鮮明は1946年6月に平壌に到着した後、最初に金氏の家で集会を始めたとされている。その時の様子について、「皆が大声で賛美歌を歌い、数十回も反復して歌った。多くの信徒が天の声を聞き、幻を見て、夢示を受け、異言や預言をした」(『統一教会史』上巻、39頁)と述べられている。こうして数十名のキリスト教信者が集まって食口(シック)(教会のメンバーを指す)となったが、この時集まってきた信徒は皆、平壌内の各教会に所属する信仰の篤い中堅信徒であった。そのために、信徒を失って嫉妬し反感をもった既成教会の牧師たちから批判・告発された。この時、共産党当局は宗教抹殺策を展開しており、南から派遣されたスパイであるという嫌疑がかけられた。こうして文鮮明は1946年8月に逮捕され、平壌の大同保安署に収監されて3ヶ月間服役した。この時、共産党の宗教弾圧によって腹中教の代表・許孝彬とその幹部たちも逮捕されており、文鮮明は幹部たちと同じ部屋に収監されていたという。その後、いったん出獄して伝道活動を再開したが、またしても既成教会の異端視と共産党の宗教抹殺策によって、1948年2月に内務省に拘禁された。そして、社会秩序紊乱罪で懲役5年を宣告されて、興南特別労務者収容所へ送られた（『統一教会史』上巻、41～47頁）。これに関して、文鮮明自身も同じような証言をしているが、ただ文鮮明の自叙伝では、平壌で最初に景昌里の羅最燮（ナチェソプ）の家で伝道活動を始めたと記されている（『文鮮明自叙伝』97頁）。

一方、教団の元幹部であった朴正華は『六マリアの悲劇』の中で、これとは異なる証言をしている。それによると、文鮮明は平壌に到着した後、最初に丁得恩（チョンドゥグン）という女性の家で伝道活動を始めた。その後、平壌の景昌里にある金鍾和（キムジョンファ）の家で集会を行うようになったが、彼女の家には夫と3人の子どもがいた。それにもかかわらず、文鮮明はこの家で金鍾和と「復帰原理」、すなわち性行為を行い、同棲生活を始めたというのである。それだけではなく神様の啓示を受けたといって「子羊の儀式」（正式な結婚）を行おうとして大騒動を起こした。そのために、村人たちが警察に通報して逮捕されたと述べている（『六マリアの悲劇』44頁）。これに関しては、金鍾和の夫が姦通罪で訴えたために、金鍾和は10ヶ月、文鮮明は5年6ヶ月の実刑判決を受けたという金鍾和自身の証言があるという（金景来、1957年、38～39頁）。

丁得恩と朴老婆、そして広海教会の謎

平壌で文鮮明が行った活動と関連して出てくる人物のうち、最も謎めいているのが丁得恩と

いう老女である。朴正華の証言によると、平壌に到着した文鮮明が最初に会ったのが丁得恩であり、文鮮明と丁得恩は「意気投合して…平壌城を第二のエルサレムとして作ることに合意し、お互い協力することにした」(『六マリアの悲劇』42頁)とされている。また、このようにして始められた教会は「広海教会」と称された。これに関して、統一教会を離脱した元幹部の朴英官は、平壌の広海教会が統一教会の前身であり、最初の始発点であったと証言している。[12] なお、朴正華の記憶によると、当時、文鮮明は26歳で丁得恩は40歳くらいであったという。しかし、正確な記録によると、丁得恩の出生年は1897年であることが明らかにされており、それによると文鮮明と平壌で出会った時の丁得恩の年齢は49歳(数え年で50歳)ということになる。

丁得恩に関しては、1957年に韓国の新聞や雑誌を通じて、伝道館の朴泰善(1917〜90)や統一教会の文鮮明と「混淫」を行った女性として暴露記事が報じられた。金景来記者が取材して『世界日報』1957年3月18日から翌月にかけて社会面(第3面)に断続的に連載された記事と、[13] クォン・マニク記者が取材して雑誌『実話』1957年6月号に掲載された記事がそれである。これらの記事により、それまで無名であった丁得恩の名が社会で広く知られるようになった。これに関して、金景来記者は次のように述べている。「解放後、彼らは平壌市内に家を買って集会を始めた。その時は、広海教会という看板を掲げた。…その集団に登場して突出した青年がいたが、その人物がまさに文鮮明であった。文は、その当時、国内でも一流の金持ちである朴某氏の丈母（チャンモ）〔妻の母のこと：引用者〕と、彼らのいう清い性交を行い、混淫派の上座に座ることになった」（金景来、1957年、38頁）。このように文鮮明は、「朴某氏の丈母」と「血分け」を行って、いわゆる「霊体」を伝授されたというのである。

ここでまた、朴姓の老婆が登場する点に注目したい。この老婆は、関連資料において「朴雲女（パクウンニョ）」「朴月影（パクウォルリョン）」「朴乙魯（パクウルロ）」「朴ウンネ（박운내）」「朴ウォルレ（박월례）」「資産家朴興植（パクフンシク）の丈母」など様々な呼称で呼ばれているが、文鮮明の御言集では彼女のことを「朴ウルリョン（박을룡）」または「朴老婆（朴ハルモニ）」と称している（以下、本章では「朴老婆」で統一する）。彼女は、鉄山から始まる神霊役事の系譜で「金聖道—許孝彬—朴老婆」として位置づけられている重要人物である（『路程』②：33頁）。また文鮮明は、金百文のイスラエル修道院を離れて平壌へ渡った理由が「朴氏（朴ウルリョン）ハルモニ」と会うためであったとし、「その夫は韓氏の姓をもった地方の有力者」で、その家は「平壌で一番の金持ちだという人の妾の家」であったと述べている（『路程』②：104〜106頁）。しかし、この朴老婆と文鮮明との間に「主管性転倒」の問題が起こり、朴老婆が文鮮明に反対したために精神異常となり、代わりに他の人が立てられたと説明している（『路程』②：107〜108頁）。

これに関して、統一教会の信者で研究者でもあるコン・デソンは、錯綜する教団側の資料を批判的に検証しながら、朴老婆が「血分け」を通じて文鮮明に「霊体」を与えた師匠格の女性であったとし、両者の関係について次のように考察している。[14]朴老婆は1892年生まれで、本名は「朴泰英（パクテヨン）」である。朴老婆は「神（エホバ）の妻」を自称し、平壌にある広海教会で神霊集団の元信徒らを集めて集会を行っていた。[15]そこに集った信者の一人が丁得恩であった。一方、文鮮明は1946年6月に平壌に到着した後、金百文のイスラエル修道院で出会った羅最燮女史の家に寄宿しながら、朴老婆らが集う広海教会に出入りした。文鮮明は朴老婆の祝福を受けるために、最初はまるで僕（しもべ）のように朴老婆に仕えていた。しかし、次第に自分を朴老婆以上の存在と考えるようになった。そして、それまで弟子として主管を受けていた文鮮明が、逆に朴老婆を主管しようとし、その過程で両者の対立が起こった。その後、文鮮明は北朝鮮当局に逮捕され、3ヶ月余りの監獄生活を終えて出獄した。そして1947年初めに金鍾和の家に寄宿先を移し、混淫騒動を起こして再逮捕された。コン・デソンの考察をもとに平壌における文鮮明の活動をまとめると、大略以上のようになる。

これに関して、教団創設時の幹部である玉世賢（オクセヒョン）も、文鮮明の叔母の家の近所に自ら「神（エホバ）の妻」と称する朴ウルリョン老婆がいたことを証言している。その証言によると、朴ウルリョンは文鮮明と「天の宴会」をしなければならないと主張して騒動を起こし、反対されると「文先生は腹黒いのでソウルにいる金百文先生を連れてこなければならない」と言って、文鮮明に反対する役事をあちこちで行いながら横暴を働いた。そのために朴ウルリョンは使命を果たすことができず、しばらくして精神に異常をきたしてしまったと述べている。[16]

ところで、話はこれだけで終わらない。注目すべきは、朴老婆から「霊体」を受けた文鮮明が、同じく広海教会に集っていた丁得恩に「霊体」を授けたというのである。これに関しては、クォン・マニク記者が取材を通じて丁得恩本人から、「平壌で看板もない信徒の集会所である広海教会に通い始め…神の啓示を受けて文鮮明と1分間、性関係を結んだ」という証言を聞き出している。[17] こうして文鮮明との「血分け」によって「霊体」を伝授された丁得恩は、その後、南に渡って韓国で布教活動を展開することになるのである。以下では、丁得恩のその後の足跡について見てみることにしよう。

韓国における丁得恩の行跡

丁得恩は1946年陰暦11月に、「越南して布教するように、お前は南朝鮮で教母になる」という啓示を受け、韓国へ渡った。ソウルに到着した後、彼女は金百文のイスラエル修道院の集会に参加した。そこで、「指を切ってその血を金百文に飲ませよ」という天の啓示を受けて、カミソリで切ってそのようにしようとしたところ、金百文から止められて成就できなかったという逸話が残されている。

その後、丁得恩は1947年末にソウルの三角山に集会所を設けた。この集会所は三角山祈禱院と呼ばれ、霊能力がある女性として追従者が徐々に増えていった。丁得恩は、他の教会の男女に混淫（霊体交換）の教理を教えた。その中に、後に伝道館を設立することになる朴泰善夫婦がいた。そして、朴泰善夫婦の家で1949年2月から「血分け」が始められた。この行為は丁得恩を源泉として始まり、信仰の篤い者に秘密裡に伝えられた。この時の様子について、丁得恩を取材したクォン・マニク記者は次のように述べている。

> 〈アダム〉と〈イブ〉の先史時代において、〈イブ〉が〈蛇〉という淫欲の化身である〈男〉の汚れた血を受けて以来、人間の体にはそのような血が混ざって流れているので、それを清くて聖なる聖神の血で浄化する方法が、すなわち霊体交換の本質的意義であるという。ところで、それを受けるには非常に篤実な信仰がなければならず、誰にでも与えるものでは決してない。本当にそれを信じることができる人にだけ与えなければならないという。…このように述べた後、それは決して不浄ではないと、その老婆は主張した。その径路は、まず誰から誰に、またお前は誰にそれを与えよ、というように啓示を受けた既受の信者が立会（老婆はこのように呼ぶ）、または与える側になり、どこまでも神聖さの中で行われるという。お前は死ぬことがあっても恨まないか？　この信仰に服従するか？　このような意志を確認する宣誓をした後に、この〈宗教儀式〉（?）が挙行されるが、この時、すでに立

会した者は横の部屋でお祈りを捧げながら、敬虔な態度でその行為を確認するという。もちろん霊体を与える側は、男女を問わず、上位となり、受ける側は下位になるという。(권만익、1957年、81~82頁)

その後、1950年に朝鮮戦争が勃発した。そして戦火が落ち着いた1953年2月に、丁得恩は自ら「大聖母」と名乗り、ソウル市龍山区新契洞に「大聖心祈禱院」を創設した。また『生の原理』(世宗文化社、1958年)を出版した。丁得恩の『生の原理』と、金百文の『基督教根本原理』や統一教会の『原理講論』との間には教義の類似性があることが指摘されている。

その後、統一教会は1955年に梨花女子大学事件を起こし、いわゆる「混淫」問題が浮上し、既成教会や一般社会から激しく糾弾された。これ以降、統一教会では慎重な態度がとられ、「血分け」は表面上姿を消した。しかし、その教義は「真の父母」とされる文鮮明夫妻が司式する合同結婚式の中で巧妙に再現されることになるのである。[18]

6 韓国キリスト教史における統一教会の位置づけ

以上に述べたように、統一教会の教えは、1930年代に朝鮮半島北部に登場したキリスト教系神霊派集団に由来するものであることがわかるであろう。もともと朝鮮半島の北部は「降神巫」が多く、巫俗（シャーマニズム）の文化が根強い地域であった。この地域にキリスト教が流入することで、巫堂（ムーダン）（シャーマン）的な気質をもつ女性信徒にイエスが「神がかる（憑依する）」という現象が生じ、それが「キリストとの神秘的合一」という聖霊体験と混同されてしまったのである。そのようにして生み出された神霊派集団の教えは、正統派キリスト教の教義から大きく逸脱したものであり、韓国の既成キリスト教会からは「異端」と認定されている。

ただし「異端」は突然現れるわけではない。必ず前に登場した「異端」からその教えを学んで、新たに独立するものである。韓国の宗教研究者によると、現在、韓国に登場しているキリスト教系新宗教の多くは、伝道館と統一教会から派生したものであり、その源流（ルーツ）は、解放後から1950年代に簇生（そうせい）した種々の祈禱院にあることが明らかにされている。ここで韓国キリスト教史における統一教会の位置づけを理解するために、解放後に登場した祈禱院について説明しておこう。

解放後の南北分断、そして1950年から約3年間続いた朝鮮戦争によって、韓国のキリスト教会全体は甚大な被害を受けた。そして、混乱と貧困が蔓延する危機的な社会状況の中で、祈禱院という韓国特有の小規模信仰集団が雨後の竹の子のように発生した。羅雲夢（ラウンモン）長老（1914～2009）が1947年に設立した龍門山祈禱院がその嚆矢とされている。羅雲夢は朝鮮戦争の時期に、入神・異言・神癒などの神秘体験を引き起こす熱狂的な復興会を全国各地で行い、多くの信徒を獲得した。その他にも、解放直後から朝鮮戦争に及ぶ混乱の中で自ら神秘体験をもった自称「再臨主」たちが数多く登場し、地上天国建設を説きながら各地に祈禱院を数多く設けていった。文鮮明に大きな影響を与えたとされる金百文のイスラエル修道院や、文鮮明との「血分け」が噂された丁得恩の大聖心祈禱院も、そのような弱小祈禱院の一つと位置づけることができるだろう。[19]

その後、朝鮮戦争が休戦となり戦火が収まると、このような祈禱院文化の土壌の中から、大規模なキリスト教系新興教団が登場した。その代表的なものとして、朴泰善長老が1956年に設立した「伝道館」（正式名称は「韓国イエス教伝道館復興協会」、1980年にキリスト教から離脱して「天父教」と称する）があげられる。朴泰善はかつて羅雲夢に追従し、その復興集会に参加しながら奉仕をしていた。朴泰善は聖書に登場する「東方の義人」または「オリーブの木」（ヨハネ黙示録11章）を自称し、終末が到来したと主張して多くの信徒を獲得していった。その後、朴泰善の伝道館は、京畿道富川郡を皮切りに、京畿道楊州郡、慶尚南道東莱郡と三つの巨大な信仰村を建設して、数十万の信徒を擁する大型新興教団として成長していった。

文鮮明の設立した統一教会は、創設当初それほど規模が大きくなかったが、1960年代から70年代にかけて朴正熙政権の支援を受けながら、朴泰善の伝道館に続く「大企業型」キリスト教系新宗教教団となっていった。興味深いことに、文鮮明は統一教会を創設する直前の1954年3月に、高弟たちを引き連れて龍門山祈禱院を訪問している。この時、羅雲夢長老は、公衆の席上で「この場所に神霊泥棒たちがやってきた。うまく守らないと神霊をすべて奪われてしまう」と警戒したために、文鮮明らは2日間だけ滞在して去っていった（『統一教会史』上巻、115頁）。

伝道館と統一教会には混淫事件や財産奪取などの共通点がある。とりわけ注目すべきなのは、先に述べたように、朴泰善と文鮮明が、いずれも丁得恩という老婆と「血分け」の儀式を行ったという証言が残されている点である。このような「血分け」の実践は、統一教会から分派した他の異端教団にも見られる。その代表的な教団が、摂理（キリスト教福音宣教会＝JMS）である。この教団の教主である鄭明析（チョンミョンソク）は「再臨のメシア」を自称し、信者への性暴力事件などで社会を騒がせてきたが、彼はかつて統一教会の信者であった。また、伝道館に関していうと、コロナ禍の韓国で集団感染の騒ぎを起こした「新天地イエス教（正式名称「新天地イエス教証しの幕屋聖殿」)」の創立者である李萬熙(イマンヒ)総会長は、若い頃、10年ほど伝道館に通っていたことが明らかにされている。この教団は、既成キリスト教会を丸ごと乗っ取る手法で信徒を獲得しており、現在の韓国キリスト教界で最も警戒されている異端教団である。今後、韓国との連帯のもとに統一教会問題に取り組もうとするなら、このような異端教団を視野に入れた研究が求められるだろう。

最後にもう一つ言及しておきたいことがある。統一教会の源流となった1930年代の神霊派集団の教えは、「再臨主(メシア)」が朝鮮半島に生まれて日本の植民地支配から解放してくれることを願うという点で、一種の宗教的ナショナリズムの性質をもつものであった。統一教会の教えにもこのような韓国ナショナリズムが内包されている。それはまた、日本の信者に韓国が「再臨主(メシア)」を登場させる神から選ばれた民族(=「選民」)であることを信じ込ませ、植民地支配に対する罪の償いとして韓国に奉仕することを正当化させる重要な根拠の一つとなっている。今後、統一教会による被害をなくすためにも、統一教会の源流となった植民地朝鮮の神霊派集団に関するより深層的な研究が必要であると思われる。

【注】

（1）柳東植、澤正彦・金纓共訳『韓国キリスト教神学思想史』教文館、1986年、46頁。

（2）世界基督教統一神霊協会編『統一教会史』上巻（成和社、1978年）、文鮮明・韓国歴史編纂委員会編著『「文鮮明先生御言精選」真の御父母様の生涯路程』第1〜3・10巻（光言社、2000〜2002年、引用に際しては『路程』と略記する）、文鮮明著、文鮮明師自叙伝日本語出版委員会訳『平和を愛する世界人として――文鮮明自叙伝』（創芸社、2011年）を参照した。前書からの引用に際しては、『路程』と略記し、本文中に巻数とページ数のみを記した。

（3）卓明煥『統一教의 実相과 그 虛像』上巻、聖青社、1979年、61頁。

（4）閔庚培、金忠一訳『韓国キリスト教会史――韓国民族教会形式の過程』新教出版社、1981年、204頁。

（5）武田吉郎『聖地定州 文鮮明先生の誕生、少年時代』光言社、1995年、138〜140頁。

（6）国際宗教問題研究所編『韓国의 宗教団体実体調査研究』（韓国文化体育観光部、2000年）、金興洙「韓国基督教異端의 歴史的考察」『大学과 宣教』12（韓国大学宣教会、2007年）、許虎益『韓国의 異端基督教』（동연、2017年）などがある。

（7）以下は主に、崔重炫『韓国 메시아運動史 研究』第1巻（생각하는 백성、1999年）を参照した。本書の著者・崔重炫（チェジュンヒョン）は統一教会系の鮮文大学校教授であるが、「メシア運動」という視点から植民地期朝鮮のキリスト教系新宗教について実証的な研究を行っており、注6にあげた正統派キリスト教の研究者からも引用が多数なされている。また崔重炫は「神霊派集団」という用語を使用しており、本章もこれにならった。

（8）洪順愛「꿈에 그리던 주님을 뵈옵고」（世界基督教統一神霊協会歴史編纂委員会編『証言（3）』成和社、1982年）と、『忠心奉天의 道――洪順愛 大母様의 生涯와 信仰』（成和出版社、2007年）を参照。

（9）鄭壽源「소명하신 뜻길 따라」世界基督教統一神霊協会歴史編纂委員会編『証言（1）』（成和社、1982年）を参照。

（10）金正燮編『原理原本――影印解読、日本語解説』（히람미디어、2019年）として日本語訳で影印出版されている。これを通じて、1966年に刊行された『原理講論』の原型を知ることができる。ただし、日本語訳には誤りが多いので注意が必要である。

（11）김명희『文鮮明의 正体（1）』（삼아사、1987年）、李大腹『統一教原理批判과 文鮮明의 正体』（큰샘出版社、1999年、後に『統一教와 文鮮明의 正体』2012年として増補改訂）、박준철『빼앗긴 30年、잃어버린 30年――文鮮明 統一教会 集団의 正体를 暴露한다』（진리와 생명사、2000年）などがある。

(12)朴英官『異端宗派批判』예수교文書宣教会、1976年、33頁。

(13)この『世界日報』は、1989年に韓国で創刊された統一教会系の『世界日報』(韓国語)とは無関係の新聞である。この時の取材をもとに、金景来は『社会悪과 邪教運動』(基文社、1957年)という単行本を出版した。本書は『原理運動の秘事』(韓国書籍センター、1968年)として日本語訳されている。ただし、日本語の訳書では、統一教会を伝道館から分派したものであるとするなど、誤った解説が付されているので注意が必要である。

(14)以下は、공대성『統一教 胎動期 真実을 찾아서』(부크크、2016年)を参照。

(15)キリスト教異端研究の第一人者である卓明煥(タクミョンファン)は、平壌の広海教会に集った玉世賢、池承道、朴月影(朴ウルリョンを指す)、丁得恩などの老婆が、元は黄国柱の弟子たちであったと述べている(卓明煥、1979年、56~57頁)。その他にも研究者の間では、丁得恩が黄国柱の弟子であったとする見解がある。

(16)玉世賢「一片丹心 뜻만위해」(世界基督教統一神霊協会歴史編纂委員会編『証言(2)』成和社、1984年、320~321頁)。

(17)권만익「混淫을 信仰化할사람들?」『実話』第5巻第6号、1957年6月号、新太陽社、76頁。

(18)鄭鎮弘(当時はソウル大学校人文学部講師、後に同校の宗教学科教授となる)は合同結婚式の内容を詳細に分析し、これが「血分け」の儀式の再現にほかならないと論じた。この論文は日本語で読むことができる。萩原遼『淫教のメシア・文鮮明伝』(晩聲社、1980年)、資料篇Ⅱ:鄭鎮弘「宗教的祭儀の象徴機能――統一教の祭儀を中心に」144~166頁。

(19)その後、丁得恩はキリスト教信仰から離れて、1983年に檀君を信奉する「神檀正道会」を創設した(崔重炫、1999年、210頁)。

第2章　近代日韓のこじれた歴史と統一教会問題

川瀬貴也

はじめに

現在の大韓民国は、アジアの中でも特にキリスト教徒の多い国として知られる。最近の統計によれば、[1]「信仰をもっている」と答えたのは全人口（約４９００万人）の43・９％、そのうちプロテスタント（改新教、もしくは基督教）は約19・７％（約９６８万人）、カトリック（天主教）は約８％（約３８９万人）と、合わせて人口のおよそ３割弱、宗教人口の過半数をキリスト教徒が占めていることになる。キリスト教の宗主国をもたなかった地域としては特異であると、以前からその原因、理由が議論されてきた。しかも、このキリスト教は「解放」後、すなわち独立後にめざましく発展したことが知られている。

本章においては、日本における植民地時代から独立し、南北分断を経て現在に至る朝鮮半島の政治・外交関係も視野に入れつつ、主に韓国のキリスト教をめぐる政教関係や、統一教会（現世界平和統一家庭連合。韓国では「統一教」と呼ぶことが多いが、本章では「統一教会」とする）を生み出した韓国のキリスト教界の事情、韓国における統一教会の立ち位置、日本における布教活動と、日韓関係が影を落とした統一教会の教説などを概観する。

1 「解放」直後の韓国の宗教事情

神秘主義的キリスト教と文鮮明

改めてここで、朝鮮半島のキリスト教の歴史の概略を確認しておこう。

朝鮮半島にカトリックが入ったのは18世紀末、プロテスタントが入ったのは19世紀末である。カトリックはその後何度かの「教難」を経験し、プロテスタントも初めは勢力も振るわなかったが、朝鮮半島の北西部（現北朝鮮領）を中心に信者が増加し、植民地時代の朝鮮キリスト教の中心はソウルというよりは平壌（ピョンヤン）であり、平壌は教会やミッションスクールの多さから「東洋のエルサレム」と呼ばれるほどであった。当時の朝鮮半島のキリスト教においては、米国の宣教団（長老派とメソジストが二大宗派）が中心となり、どちらかというと保守的な神学に基づく信仰が主流であったが、その一方で病気治しなどのいわゆる「現世利益」的な信仰（福音書で描写される悪霊退治をありのままの事実として受け止めるなど）とともに、日本の植民地支配に抵抗するよりは、終末論的な信仰を強調するような内省的で、「神の声」を感じるような神秘主義的な傾向が強かったとされる。また、20世紀初頭には何度か熱烈な「リバイバル（韓国語では復興会）」が発生し、そのたびにキリスト教徒は増えていった。なお、当時の教会はイスラエルの民が神から選ばれたという「選民思想」を朝鮮民族にも当てはめようとした。植民地支配という苦難にあえぐ朝鮮民族こそを神は選ばれたのだという論理であり、この考えは現在まで受け入れられており、キリスト教とナショナリズムが「合致」することにつながっていく。[2]

統一教会の教祖文鮮明（１９２０～２０１２）が生まれたのは、平壌より北の平安北道定州という場所で、伝えられるところによると、彼が10歳の時に兄と姉の病気から家族揃ってクリスチャンになったという。少年期から青年期にかけての文鮮明も、上記のような当時のキリスト教の影響を深く受けたとされる。実際、文鮮明は15歳の時、祈禱中にイエスと「霊通」して、イエスを引き継いで人類を救う救世主となる「召命」を受けたと主張している。その後の彼のライフヒストリーの詳細は第1章に譲るが、このような文鮮明（統一教会）の信仰は、そのスタート時から、既成教会によって「異端視」される流れを引き継いでおり、それは今でも変わらないが、実は当時の朝鮮キリスト教に広く分けもたれていた「神秘主義」や「選民意識」を受容していたことが重要である。

越南宗教人の活動

周知のように、朝鮮キリスト教は１９３０年代の「神社への強制参拝」「ミッションスクールの閉校と宣教師の追放」など、朝鮮総督府の政策により圧迫され、屈服させられた後「解放」の日を迎えた。１９４５年8月15日の「解放」は、政治的な解放であっただけでなく、信仰的な解放でもあっただろう。「転向」せずに解放の日を迎えたクリスチャンは「出獄聖徒」と呼ばれ、尊敬を集めた。しかし注意しなければならないのは、彼ら「出獄聖徒」（もしくは獄中で「殉教」した者）は、「愛国心」「民族主義」に基づいていたというよりは、実は保守的、根本主義的な信仰から、偶像崇拝としての神社参拝を拒絶した人々だった。[3]

「解放」直前の8月13日に米ソの間で結ばれた取り決めにより、北緯38度線以北はソ連、以南は米国が分割占領することとなり、クリスチャンは植民地権力とは違う新たな「敵」、すなわち共産主義と対峙することとなった。半島の南半分を占領した米軍（ＧＨＱ）はある意味「キリスト教びいき」の政策を採った。たとえば戦前の日本の財産を教会に払い下げたり、当時半島に再上陸した米国宣教部の支援を受けるよう計らったりするなど、朝鮮半島のキリスト教会は優遇された。このような政策の延長線上で、クリスチャンであった李承晩（イスンマン）の政権が、1948年の「大韓民国独立宣言」と同時に発足するのである。

一方、半島北部のソ連軍政下のクリスチャンは、やがて共産党による弾圧が来るのではと恐れていたが、それは現実のものとなった。解放当時、韓国の中心的な宗教は天道教、仏教、プロテスタント、カトリックの四大宗教だった。ある研究によれば、当時の北朝鮮地域の天道教信者は約150万名、仏教徒は約50万名、プロテスタントは約20万名、カトリックは約5万3000余名であった。すでに反共主義の性向が明らかであったプロテスタントとカトリックはさまざまな面で圧迫感を感じ、多くの場合「南への逃避」を決心することとなった。金日成率いる勢力に追われるように、平壌を中心とした半島北部のクリスチャンは南へ逃走し、半島南部に一気にクリスチャンが増加した。このような宗教者たちを「越南宗教人」と韓国では呼んでいる。1945年から1953年の間に「南」へ来たプロテスタント信者はおよそ7万から8万名、カトリックは1万5000から2万名と推定される。このような一種の宗教界の「人的補給」が、戦後韓国におけるキリスト教隆盛の下準備をしたといえよう。長老派をはじめとするプロテスタントは大変凝集力の強い集団で、迅速に独自の教会を設立していった。なお、プロテスタントとカトリック信者に比べて天道教信者と仏教徒が南へ逃げてきたケースは圧倒的に少なかったとされる。これは天道教と仏教の階級基盤が主に貧農層であったため北朝鮮の人民民主主義革命過程に対する反発感が相対的に小さかったからであると推定される。[4]

ある韓国人研究者によると、朝鮮戦争時の韓国キリスト教の特徴として、「反共主義」「物質主義」「祈福主義」という三つの特徴が指摘されている。[5] 一つ目の「反共主義」はいうまでもなく、「北」から追われるように「越南」してきたクリスチャンが共通してもっていたものである。二つ目の「物質主義」とは、教勢拡大のための激しい競争、言い換えれば「信徒数」と「献金額」という目に見える「数字」にこだわる傾向を指す。この時期は一部の教会を除いて、社会事業には関心が示されなかった。三つ目の「祈福主義」は、日本語でいえば「現世利益」のことである。植民地支配が終わったあとの朝鮮戦争という混乱を極めた社会で生き延びるために、イエスの力でこの世の幸福や無病長寿、事業の成功などを祈る傾向で、これは高度経済成長期に大いに信者数を伸ばした日本の新宗教とも共通する特徴だといえよう。まとめるなら、どの宗派も「治癒と物質的な祝福」を祈る信仰が主流であったということであるが、統一教会もその例に漏れなかった。

2 「反共」政権とキリスト教

李承晩政権の崩壊と軍事独裁政権の発足

上に述べたとおり、「北」の共産勢力に追われるように南下した「越南クリスチャン（文鮮明もその一人である）」は、当然のことながら「反共主義」を深く内面化し、それは1948年に建国された大韓民国の「国是」とも一致し、韓国キリスト教会は、基本的に「親米反共」を掲げる政権に協力し、政治的には非常に保守的な傾向を示した。彼らの一部は解放直後から李承晩を支持して秘密裏に米軍政庁と連絡を取るなど、大部分が親米主義者であり、最も有力な「反共勢力」であった。越南プロテスタント信徒で最も積極的に反共運動に乗り出したのは、青年と学生団体であった。彼らは武力闘争も辞さず、英米ソの信託統治に反対する「反託運動」や「反共建国」をスローガンに活動した。38度線以北のカトリック教会も、司祭や宣教師が収監・処刑され、土地改革によって土地を没収されるなどして多くが越南し、カトリック教会の指導者も反共・反革命の姿勢を明らかにしたが、プロテスタントほどには米国とは協調せず（これは米国留学経験者が少なかったことによる）、社会的な運動は起こさなかった。[6]

さて、1950年に勃発し、53年に休戦となった朝鮮戦争は、朝鮮社会に大きな爪痕を残した。人的、物的被害はもちろんのこと、朝鮮人民軍は占領地域において土地改革などの「民主改革」を断交し、地主や「民族反逆者」と認定した者を人民裁判にかけ、多くの人が処刑された。しかし国連軍と韓国軍が人民軍を追撃し朝鮮半島の南半分を奪還した後、人民軍に協力した者を処罰し、社会の分断は深刻なものになり、左翼・進歩派が根こそぎ除去され、李承晩の独裁が正当化された。(7) 朝鮮戦争において教会がこうむった被害も甚大なものであった。もともと存在した李承晩政権とプロテスタント教会の癒着関係は、朝鮮戦争を通じて鼓吹された反共イデオロギーと、戦争で越南してきた教会関係者によって再強化されたのである。

しかし独裁色を強めた李承晩は次第に民衆の支持を失い、1950年代後半には、大学教育の普及もあり、労働運動のみならず、学生運動も盛んとなった。そしてその民衆の不満が爆発したのが1960年4月の「4・19革命（四月革命）」と呼ばれる反独裁民主化闘争である。これにより米国は李承晩の支持を撤回し、李承晩は大統領を辞任し、新憲法が公布され「第二共和国」が発足した。しかしこの政権は国民の民主的要求にも対応できず、また軍部に対しての統制もきかない脆弱な基盤の上に成り立っていた。このことから政府や軍関係者は、多発するデモは北朝鮮に利用されかねないと危機感を抱いていた。そして朴正熙（パクチョンヒ）ら一部軍人によるクーデターが1961年5月16日に起き、韓国はこれ以降1993年に金泳三政権が樹立されるまで、軍事独裁政権が続くことになった。クーデター勢力は反共体制の強化、腐敗の一掃、民衆の救済などの「革命公約」を掲げつつ、全国に非常戒厳令を敷いた。このクーデターを米国がいち早く承認し、まだ国交が正式に結ばれていなかった日本の池田勇人首相と朴正熙が1961年11月に会談し、日米がともにこの軍事政権を支持する姿勢を見せた。

軍事独裁政権下においても、キリスト教は勢力を伸ばし続けた。これには産業化に伴う急激な都市化が影響していると分析されている。大都市部において教会は林立し、一部はメガチャーチと呼ばれるほどに成長した。汝矣島(ヨイド)純福音教会を代表例とするメガチャーチは、「癒しの業」を中心とした大衆的な霊性運動を行い、政権と対峙することは少なかった。ただ、1970年代までは、プロテスタント人口は10%を超えることはなかった。[8]

この軍事政権はそれまでの政権と違い、仏教などの伝統宗教に肩入れし、新宗教を従属化させ、李承晩政権以来築かれてきたキリスト教のヘゲモニーを瓦解させたが、それでもプロテスタント教会は政権に対抗するよりは政権にすり寄る姿勢を示した。軍事政権は、クーデター後に「宗教団体登録法(宗教団体の国家の承認の必要と、教団内情の把握を強化)」「国家保安法(改定)」「反共法」を発布し、この治安立法により民主化運動は取り締まられることになった。特に宗教団体に対しては、対仏教政策に顕著であったが、内紛に乗じて介入し、その社会的影響力を削ぐ、という方針が採られた。[9] 一方で一部のクリスチャンが労働運動、学生運動に関わり、人権をめぐる闘争に赴いたが、大多数のクリスチャンは基本的には反共（滅共、勝共という言葉も使用された）を掲げるこの政権を支持し続けた。

日韓国交正常化反対運動と宗教

ここで「日韓基本条約」が成立するまでの政治状況を概観してみよう。１９６３年に新憲法が発効し、朴正熙が大統領に就任して「第三共和国」が発足した。当時米国は日韓の国交正常化によって韓国への経済援助負担を日本に分担させることを図り、日本も高度経済成長で蓄積された過剰資本の投資先として韓国進出を企図しており、韓国側も経済成長を図るためには外資の導入が必要であり、それまで硬直していた日韓の交渉は急速に進展した。そもそもクーデター前の李承晩政権下で日韓交渉が進展しなかった最大の要因は、植民地統治に対する謝罪を求める韓国側と、引揚日本人の財産返還を求める日本側との意見の相違であった。その流れの中で１９６１年10月に開始された「第六次会談」では、日本の資金提供による経済成長を強く願う朴正熙政権の思惑により、「植民地時代に対する賠償金」の性格は曖昧になっていき、翌年11月、日本の大平正芳と金鍾泌（キムジョンピル）ＫＣＩＡ（韓国中央情報部）部長との間で交わされた「金・大平メモ」には日本の資金提供は「賠償・補償」ではなく「経済協力」の形式を取ることなどが記されていた。[10] このような「経済発展最優先」の政権の姿勢は、自らの政権の基盤強化を図るものとして野党、マスコミ、学界、そして宗教界からも大きな反発を呼ぶこととなった。ここで主流派の韓国キリスト教が、一部ではあるが朴正熙率いる軍事政権に対して初めて公式に反対の立場を表明したのである。植民地支配の責任や賠償を曖昧にしたままの国交正常化はこのように広範な反対運動を招き、クリスチャンの一部もそれに合流した形となった。しかし、多くの国民の反発を力でねじ伏せて、1965年6月に「日韓基本条約」は調印された。このように日本からの資金援助は国家建設の費用として使用され、賠償問題が退けられたことは後々、「日本が植民地時代の恨(ハン)を解いていない」という統一教会の言説に利用されることになる。

なおこの時期は、韓国軍が米国の要請でヴェトナム戦争に参戦したが、韓国教会は「日韓国交正常化」には反対声明を出す一方で、やはり「反共」を掲げてその参戦は支持した。

このような「日韓国交正常化」に対する反発から、韓国社会ではこの時期対日感情が著しく悪化し、日本文化や日本の新宗教に対しても厳しい視線が注がれた。特に植民地期から定着していた天理教(大韓天理教)と、国交正常化前から伝道されていた創価学会に対して、雑誌や新聞などで「韓国国民に対する思想侵略」だとして、批判的な記事が多く書かれた。(11)

この時期のキリスト教内部の動きで注目されるのは、韓国の神学において「民衆神学」の流れが形成されたことである。この神学はその名のとおり、民衆の状況、伝統、そして歴史の主体としての立場を尊重し、社会的不正義や格差、政治的弾圧に対抗するもので、南米などにおける「解放の神学」ともよく比較されるが、現在では韓国のキリスト教の土着化の一つの成果として評価されている。これはプロテスタント側の動きだが、一方韓国のカトリック教会が社会的な動きを見せるのは、李承晩政権崩壊後、特に1962年の第二次ヴァチカン公会議開始以降である。先述の1960年の李承晩政権に対するデモをカトリック教会は支持、支援し、デモ犠牲者の追悼ミサも韓国のカトリックの総本山的存在である明洞（ミョンドン）聖堂で挙行された。そして教会や聖職者の社会参与は世界的な流れにあり、正当なものであるとの立場を表明した。(12) ヴァチカン公会議でのさまざまな議決により、韓国のカトリック教会は社会問題の解決や民主化、他宗教、特にプロテスタント教会との対話を推し進めた。また、平信徒の運動を活性化させ、「カトリック労働青年会」「カトリック農民会」などを組織し、これが1970年代以降の民主化運動、人権運動の大きな土台となった。

朴正煕政権が改憲を伴う独裁長期政権化を進める中、韓国キリスト教は、上記のように保守的で多数派の親政権陣営と、進歩的で少数派の反政権派に二分され、この少数派による「民主化運動」が本格的に始まったのである。(13) このような時代背景の中、統一教会は日本に本格的に進出してくるのである。

3　統一教会の「立ち位置」と海外での活動

統一教会の韓国での「立ち位置」

文鮮明率いる統一教会は、早くも1958年に日本、翌59年には米国で宣教活動を開始している。実はこれには大きな理由がある。統一教会は創立直後から、既存の主流教会に「異端視」されており、国内での活動もままならず、海外宣教に活路を見出したからである。以下で、韓国内における統一教会の立ち位置の概略を述べる(14)。

1960年代には活動の主な舞台として米国に渡っていた統一教会だが、国内においての活動も継続されていた。それは簡単にまとめると、「主流派教会との対決」、「合法的な各種活動による異端の烙印の回避活動」、そして当時の「朴正熙政権への接近」であった。順に追っていこう。

主流派プロテスタント教会は、70年代から80年代にかけて、何度か統一教会を「異端」として排斥する運動を展開した。たとえば1975年5月には15の教派が「韓国キリスト教汎教団指導者協議会」名義で統一教会が「反キリスト教団体」であるとした声明を発表し、1979

年4月には五つの教派と団体が共同で「韓国キリスト教連合：統一教会はキリスト教ではない」という声明書を、1988年には17宗派が参加した「韓国改新教教団協議会」が発表した「文鮮明に対する公開質疑書」などが出されている。2003年には「韓国キリスト教統一教会対策委員会」も組織されている。

カトリックも80年代になると反統一教会の動きに加勢した。1985年3月には教皇庁から韓国天主教に「平信徒と修道者、そして特に司祭たちは統一教会にどのような関与もしてはならない」「統一教会の支援するどのような活動にも参加してはならない」との通達が届いた。カトリック教会は何冊も信仰生活に関する書籍を出し、信者たちに統一教会への注意喚起もした。

このように既存の教会が敵意を向けてくる中、統一教会は何とかして自らを「合法的」なものとして、「異端」の烙印を回避するという戦略に出ざるをえなかった。まずは1963年の「財団法人世界基督教統一神霊協会」の政府認可を獲得（韓国は宗教法人という制度がなく、このような登記となる）した後、1968年の「国際勝共連合」創立、1973年の「世界平和教授協議会」創立、1977年の「統一神学校」開学など、各種団体を創設し、韓国社会での「居場所」を確保しようとした。これらの団体が、世界各国（特に日本）からの豊富な資金によってまかなわれていたことはいうまでもない。その延長で、1997年には教団名称を「世界平和統一家庭連合」に変更した。改称の理由の一つは、「統一教」という韓国での呼称が「異端のイメージ」

を惹起するからであった。統一教会は他教団に比して強大な資金力と動員力を誇り、「宗教・産業複合体」と呼ぶにふさわしく、さまざまな事業や会社を創立した。大きく分けて「教育機関」「文化財団」「企業体」「言論・出版機関」「その他（社団法人、病院など）」と分けられるような一大コングロマリットを形成し、韓国内での地歩を固めた。

1970年代になると、統一教会は朴正熙政権に接近し、「勝共（滅共）」という価値観でつながり、癒着し始めた。「国際勝共連合」が主催する「勝共教育」は政権の後押しを受け、多くの国民に聴講され、1979年末には勝共連合は韓国全土に175個もの支部を整えるほどになった。文鮮明も自分の教会は「反共と愛国の砦」であると主張し、李承晩政権以来、国内での活動拠点をもつことができなかった統一教会は、朴正熙のもと「合法的」に国内布教できる基盤を整えることになった。統一教会の反共運動は1980年代も継続した。1980年代中盤には、全斗煥の独裁政権に対する学生運動が盛んだったが、文鮮明の指示のもと、1986年に「南北統一学生連合」という政権寄りの学生団体を発足させ、それに対抗させ、所有する新聞でも、反政府運動の学生団体批判に紙面を割いた。一方統一教会は「ソフトな側面」からも市民権を得ようとし、たとえば1988年には「株式会社統一スポーツ」を設立し、翌89年にはプロサッカーチームも発足させた。

このように統一教会は何十年にもわたって、韓国内で多様な活動を展開し、企業体、慈善団体として「合法的」な活動に傾注し（ここが日本での活動と一番違うところである）、それなりのポジションを獲得してきたのである。

日本布教と保守派政治家との癒着の淵源

ではここで改めて、統一教会の日本布教のあらましを記述してみよう。先にも述べたように、国交正常化前の1958年から、日本への布教は始まった。最初の日本への宣教師は密入国して、当初在日コリアンのクリスチャンを布教対象とした。布教初期の大きな出来事として、1962年に、立正佼成会の幹部候補生といえるような有力な信者たちが集団で入信したことがあげられよう。そのうちの一人が、統一教会初代会長となった久保木修己であった。この久保木を中心として、早くも統一教会は1964年に宗教法人の認証を得た（当時の正式名称は世界基督教統一神霊協会[15]）。

実は創価学会も国交正常化前から密かに韓国への宣教を開始している。[16] 布教ルートは二つあり、一つは日本で入信した在日コリアンが韓国へのつてを使って、親戚や近隣に伝えた場合と、もう一方は日本で刊行されていた創価学会の出版物に接した韓国人が日本の本部と直接連絡を取って布教した場合である。現在、政治との深い関与をもっている両教団はともに、国家（国交）に先んじた宗教ネットワークを駆使していた、ということになる。

統一教会に話を戻すと、日本での活動において、若者（特に大学生）を布教対象としつつ、強烈な「勝共運動」及び保守政治家に接近するロビイングを行ったことがまず指摘できよう。宗教法人化した1964年には「全国大学連合原理研究会」が設立され（「親泣かせの原理運動」と当時のマスコミに取り上げられることになった）、1968年に「国際勝共連合」を創設し、自民党の保守政治家に接近したのである。その典型例として、まずは岸信介と福田赳夫という、ふたりの首相経験者の事例を紹介しよう。岸信介は、1973年4月に、統一教会の日本本部において「アジアの危機と青年の使命」と題する講演をした。主要部分を少し抜き出してみよう。

ただいま久保木会長から御紹介ありましたように私は、ここへは今回で三度目だと思います。その前に実は、統一教会と私の奇しき因縁は、南平台で隣り合わせて住んでおりました若い青年達、正体はよくわからないけれども日曜日毎に礼拝をされて、讃美歌の声が聞こえてくる。…そうしたら、私の友人である笹川良一君、戦時中の罪を問われまして、戦犯として巣鴨の監獄で三年余の起居を共にした、いわゆる獄友で人生のうちでも極めて思い出の深いお友達の一人で、非常に懇意の間柄であります。その笹川君が統一教会に共鳴してこの運動の強化を念願して、私に、君の隣りにこういう者が来ているんだけれども、あれは私が陰ながら発展を期待している純真な青年の諸君で、将来、日本のこの混乱の中

に、それを救うべき大きな使命をもっている青年だと私は期待している。(17)

このように、戦後右翼の大物といわれる笹川良一と組んで、統一教会とその政治団体である勝共連合に「目をかけていた」ことが読み取れる。

福田赳夫は1974年5月に、統一教会が主催した「希望の日晩餐会」というパーティに参加し（当時大蔵大臣(18)）、そのことをあとで、「親泣かせの原理運動」と知っていて肩入れしたのかと国会で追及されている。

石橋政嗣委員　【前略】そこで最後に、福田総理が大蔵大臣のときに、昭和四十九年の五月七日でございますが、帝国ホテルで行われた希望の日晩さん会、これに出席をなさって、韓国に偉大な指導者があらわれた、この文鮮明氏なるものを称賛したあいさつを行ったという記事がここに出ておるわけですが、これは間違いございませんか。そのこともあわせてお答え願いたいと思います。

福田内閣総理大臣　いつだったかははっきり私覚えておりませんけれども、希望の日と申しましたか、あるいは何という名前の会でありましたか、文鮮明というキリスト教の偉い人が来て、そして講演もする、ぜひ聞いてもらいたい、こういう話がありまして、私もそういう宗教の話なんか聞くのは好む方でありますから、そこで参加いたしました。そして、参加しましたら、私にあいさつをせい、こういうことになりまして私はあいさつをした。そのあいさつは、これは私の連帯と協調論です。つまり、文鮮明という人がキリスト教に根を持った新興宗教、それの指導者であるという話であり、キリスト教といえば愛を説くわけですから、人類愛を。私の連帯と協調と全く相通ずるものがある。私はそのとき、私の人間愛というか、助け合い、補い合い、そして責任の分かち合い、これこそが人間社会における最高の指導原理でなければならぬということを力説したわけです。それは当時の記録もありますから、必要があればよくごらんをお願いします。

石橋政嗣委員　時間が来たそうですからこれでやめますが、最後に、先ほど総理あてに父母の会から出されました陳情書の中に、こういう文章が含まれていることを御紹介しておきたいと思うのです。「私達の仲間はこの苦しみを受けた時、一番先に自民党員に駆けつけました。一々名前は申し上げませんが、多くは儀礼的な挨拶だけで、中には「自民党では、この問題はタブーです」とハッキリ断られた人も居ります。」こういうふうに書いてあります。自民党とこの統一教会、国際勝共連合、希望の日フェスティバル、このいうもの（ママ）が一体どうつながっているのだろうか、この疑問は多くの人が持っているのです。これに明快に答えるためにも徹底的な調査をしていただくように心から望んで、質問を終わりたいと思います。[19]

当時からこのように質問を受けるほど、統一教会と自民党の関係は疑われていたのである。安倍晋三元首相の暗殺事件以来、自民党議員と統一教会の癒着（選挙に関するボランティアの派遣など）が大きく報じられているが、[20]その淵源はこのように1960年代後半から1970年代まで遡れるのである。

「アダム国家」と「エバ国家」という教説

統一教会の海外での布教は日本で一番成功し、多くの信者を獲得したが、その教義はどのようなものなのか。ここでは日韓関係のこじれが影を落としている教義である「アダム国家」と「エバ国家」という教えを中心にその概略を追うことにしよう。

統一教会の一番基礎となる教典は『原理講論』（1966年初版、日本語版は翌67年刊行）というものである。何度か改訂が加えられているが、教理の大きな柱として「文鮮明がメシア（救世主）であり、そのメシアが出現する国こそが韓国である」という思想が貫かれている。[21]「性」に関する教義はことのほか重要で、統一教会では堕天使ルシファー（『原理講論』ではルーシェルと記載）、人間アダムとエバの間の「誤った性行為」こそが人類の「堕落（原罪）」であるとし、その解消のためにサタンの「血統」から神の「血統」へ転換するしかなく、その手段が統一教会の信者同士による家族形成であり（これを「祝福」と呼ぶ。これにより「原罪」のない子どもが生まれるとされる）、この教理から教祖（教団）によるマッチングである「合同結婚式」が導き出される。統一教会はこのような教団内結婚を徹底し、純潔教育や家庭の重視、保守的な性道徳（同性愛などを拒絶する）、子だくさんなどの特徴が見られる。

統一教会による合同結婚式で最も多く誕生したのは、日韓のカップル（韓国人男性と日本人女性の組み合わせが多い）である。アダムとエバの関係は韓国と日本の立場であるとされ、堕落のもととなったエバはアダムに「負債」があるため、「エバ国家」たる日本が「アダム国家」たる韓国に従い、人材と資金の供給を担うのも当たり前とされていた。この考えがそのまま合同結婚式に用いられ、韓国を植民地にした日本の罪をあがなうため、日本人女性は韓国人男性に嫁ぎ「恩讐を清算する」ことが望まれる、という理屈になったのである。統一教会は日本でさまざまな企業を設立し、経済活動に邁進したが、その活動を根底で支えていたのもこの教義であり、教会よりも資金調達、ロビイングを行う外郭団体が肥大化していったのである。

いわゆる「霊感商法」の被害や、合同結婚式の実態（農村の「嫁不足」問題と統一教会の関係など）の詳細は他章に譲るが、以上のような教義から日本人信者の収奪が合理化されていたわけである。要するに、統一教会は、先述のように「反共」というイデオロギーや、保守的な家族観など、共通する思想もあって自民党保守派と合流したが、植民地支配の責任、強制連行や従軍慰安婦問題など、実は自民党保守派があまり認めたがらない「歴史観」でもって、「エバ国家」の日本人信者を搾取したことになる。日韓の歴史に関する政治的問題が存在するからこそ、「道徳的問題（負債と責任）」が発生し、その「返済」が信者に求められることとなったのである。[22] 統一教会による「被害」は、別の言い方をすれば戦後日本、もっといえば統一教会が接近した与党の保守派が「きちんと向き合わなかった歴史問題」に復讐された、皮肉な結果の一つなのである。

おわりに

以上、解放後の韓国のキリスト教と統一教会の、主に保守政権と政治家との関係や、日韓のこじれた関係が影を落とした教義などについて概観してきた。冷戦崩壊後の統一教会は、「勝共」などを前面に押し出すこともできなくなり、教義面で徐々に変化を見せている。古田富建によると、それは大きく分けて「霊的な世界の強調（特に先祖の怨恨の解消や、取り憑いた霊を除去する治病行為）」「韓国ナショナリズムへのシフト（北朝鮮への接近と、日本の過去の「罪」の一層の強調）」「キリスト教からの離脱、異教化（教団名から「基督教」を抜いたこともその表れの一つ。文鮮明をメシアと仰ぎ「祝福結婚」さえすれば個々人はどの宗教を信じても良い、というスタンス）」の三つになるという。[23]

しかし以上のような教説の変化があったといっても、数十年にわたる統一教会の教えの根幹はそれほどの揺らぎを見せていないし、また宗教の教えは一朝一夕で変化するものでもない。たとえば昨今、性的マイノリティに対する各宗教の対応が変化しつつあるが、それへの反動（バックラッシュ）も珍しくはないし、韓国の保守的キリスト教は、性的マイノリティへの敵意をあからさまにしている教派もあり、[24]実は統一教会の教えもその「伝統」につながっている部分がある。地方自治体において、統一教会がロビイング活動をし、「男女共同参画社会作り条例」に介入し、「性別又は性的指向にかかわらず」という文言を削除させた「実績」すらある。[25]また、このところクローズアップされているいわゆる「宗教2世」の問題も、見逃すわけにはいかないだろう。特に統一教会は「教団内結婚」を推進してきたので、この問題は一層深刻であろう。まだ解きほぐすべき問題は山積している。

【注】

（1）文化体育観光部『2018年　韓国の宗教現況』2018年、85～97頁。（韓国語）
（2）浅見雅一・安廷苑（アンジョンウォン）『韓国とキリスト教――いかにして〝国家的宗教〟になりえたか』中央公論新社、2012年、153～155頁。
（3）徐正敏（ソジョンミン）『日韓キリスト教関係史論選』かんよう出版、2013年、216頁。
（4）韓国宗教研究会編『韓国宗教文化史講義』青年社、1998年、404～409頁。（韓国語）

(5) パク・ジョンシン『韓国キリスト教史の認識』ヘアン、2004年、199〜215頁。（韓国語）
(6) 韓国キリスト教の「保守性」についての詳細は、川瀬貴也「「解放」後韓国の宗教とナショナリズム――キリスト教を中心に」、池澤優編『政治化する宗教、宗教化する政治（いま宗教に向きあう4（世界編2））』岩波書店、2018年、参照。この章の記述の一部に、この拙稿を使用している。
(7) 糟谷憲一・並木真人・林雄介編『朝鮮現代史』山川出版社、2016年、260〜262頁。
(8) 姜仁哲『韓国キリスト教会と国家・市民社会1945〜1960』韓国基督教歴史研究所、1996年、177〜179頁。（韓国語）
(9) 盧吉明『韓国の宗教運動』高麗大学校出版部、2005年、249〜257頁。（韓国語）
(10) 糟谷憲一ほか編前掲書、294〜296頁。
(11) 平木實「第5章　日・韓国交正常化期（1964-66）における韓国の対日文化意識――宗教を中心に」、同『韓国・朝鮮社会文化史と東アジア』学術出版会、2011年。
(12) 趙珖『韓国近現代天主教史研究』景仁文化社2010年、261〜267頁。（韓国語）
(13) 徐正敏前掲書、221頁。
(14) 以下の記述は、姜仁哲『韓国の宗教、政治、国家1945-2012』韓神大学校出版部、2013年、135〜142頁、を参考にした。（韓国語）
(15) 統一教会の日本宣教の流れについては、李進亀（李賢京訳）・櫻井義秀「統一教会の日本宣教――日韓比較の視座」、李元範・櫻井義秀編著『越境する日韓宗教文化――韓国の日系新宗教　日本の韓流キリスト教』北海道大学出版会、2011年、183〜189頁、参照。
(16) 詳細は李賢京「韓国における創価学会の展開」、李元範・櫻井義秀編前掲書、参照。
(17) 茶本繁正編『原理運動の研究　資料編Ⅰ』晩聲社、1977年、146頁。
(18) 茶本繁正前掲書、52頁。
(19)「第八〇回国会衆議院予算委員会議事録（昭和五二年二月七日）」より。国会会議録検索システムより引用。https://kokkai.ndl.go.jp/txt/108005261X00219770207（2023年2月10日閲覧）
(20) 鈴木エイト『自民党の統一教会汚染　追跡3000日』小学館、2022年。
(21)『原理講論』のおおよその内容については、櫻井義秀・中西尋子『統一教会――日本宣教の戦略と韓日祝福』北海道大学出版会、2010年、28〜66頁参照。

(22)李進亀・櫻井義秀前掲論文、200頁。

(23)古田富建「世界平和統一家庭連合（旧統一教会）の歴史と現状——韓国宗教史からの検討」、藤原聖子編『世俗化後のグローバル宗教事情（いま宗教に向き合う3（世界編1））』岩波書店、2018年、157〜160頁。

(24)川瀬貴也前掲論文、87〜89頁。

(25)斉藤正美・山口智美「「性的指向」をめぐって——宮崎県都城市の条例づくりと『世界日報』」、山口智美・斉藤正美・荻上チキ『社会運動の戸惑い——フェミニズムの「失われた時代」と草の根保守運動』勁草書房、2012年。

第3章 近代日本の新宗教弾圧と統一教会問題
——《反世俗性》のゆくえ

永岡 崇

1 宗教の《反世俗性》

〝反社会的〟な組織としての統一教会

霊感商法、合同結婚式、法外な献金と崩壊する家庭。世界平和統一家庭連合（以下統一教会と呼称）から被害を受けた元信者たちの証言を見聞きすると、多くの人たちと同じように胸の痛みを覚えざるをえない。この時私（たち）は、被害者としての元信者、そして選択の余地なく信仰を〝継承〟させられた信者の子弟（宗教2世）らに心を寄せ、加害者としての教団に対峙している。安倍晋三元首相銃撃事件をきっかけとして、安倍氏をはじめ、多くの自民党議員と統一教会の関係が報じられると、岸田内閣の支持率は一気に下落した。市民生活においても、政治という場においても、この教団の存在は許容されるものではない、という感覚が日本中に広がっているように見える。

この間の報道を見ていると、統一教会がしばしば〝反社会的〟な組織として語られていることに気づく。政府は〝反社会的勢力〟の定義は困難という立場をとっているが、長年この問題に取り組んできた弁護士やジャーナリストらをはじめ、新聞各紙もこの形容詞を用いている。一般には暴力団やその構成員、総会屋、特殊知能暴力集団などを指すが、統一教会もそれらと同様の組織だとする考えが広まっているようだ。

ところで、NHK・Eテレの番組『徹底討論　問われる宗教と〝カルト〟』（2022年10月9日）に出演した批評家の若松英輔は、統一教会は「反社会的でありながら体制側に入り込んだ」ところに大きな問題があると指摘した上で、〝反社会〟と〝反体制〟を区別することが必要だと述べている。〝反体制〟は必ずしも〝反社会〟であるわけではなく、「人間の尊さ、人間のつながり、人間が存在する意味をどうしても守りたいということであれば、宗教が反体制になって立ち上がることはあっていい」。〝反社会的〟な宗教を嫌悪するあまり、宗教がもつ体制批判の可能性をも排除してしまうことに若松は警鐘を鳴らす。

多くの宗教には、社会の通俗的な価値観に異議を申し立て、あるいはそれを相対化する性格——本章ではこれを《反世俗性》と呼ぶことにする——が備わっている。常識的な発想からの脱却を説くものもあれば、（外から見れば）特異なライフスタイルを実践するものもあり、若松のいうように、不正な国家体制に対抗する〝反体制〟というべき性質を帯びる場合もある。少なくとも信教の自由の保障を謳う社会で生きていくかぎりは、それらをすべて一緒くたにして排除してしまうわけにはいかないだろう。

宗教弾圧の歴史へ

しかし、一般論としては若松のいうとおりだとしても、社会が受け入れるべき《善い反世俗性》と、許容すべきでない《悪い反世俗性》の違いを、誰が、どうやって見分けるのか、という巨大な問題が残る。おそらくいつ、どこでも通用するような絶対的な基準はなく、それぞれの社会状況の中で見きわめていくしかないのだろう。たとえば統一教会問題をめぐる『朝日新聞』の社説は、「〔戦後の〕宗教法人法は、戦前・戦中の宗教弾圧の反省から、政府の権限を抑制的にすべくつくられた」としつつ、「一方で、宗教団体の問題行為を放置し、オウム事件を許した苦い過去もある」と述べ、「そのはざまでかじ取りは難しい」と指摘している（２０２２年11月23日朝刊）。

この社説で言及されているように、戦前・戦中の日本では《悪い反世俗性》をもつとみなされた宗教が、数多く国家の取締りを受けた。特に、新宗教と呼ばれる歴史の浅い集団は、その独自の教義や布教のスタイル、組織運営の方式、そして新興のマイノリティ宗教という立場から、しばしば〝淫祠邪教〞という汚名とともに国家・社会の攻撃対象となっていた。だが戦後、その攻撃は不当な〝弾圧〞だったと考えられるようになる。政治的・社会的状況の変化とともに、《悪い反世俗性》をめぐる認識が更新されたのだ。

本章では、現在の統一教会問題について考えるための参照点として、戦前期の新宗教弾圧の事例を検討してみたい。かつての〝淫祠邪教〞攻撃はどのような論理や心理で行われ、いかなる結果をもたらしたのか、そしてその記憶は戦後社会でどのように変容していったのだろうか。戦前の出来事と統一教会問題とは多くの点で異なっており、単純に比較することはできないが、宗教の《悪い反世俗性》を取り巻く社会の空気には共通するところがある。統一教会を〝反社会的勢力〞として性急に厄介払いしてしまう前に、異質な宗教との関係をめぐる集合的な試行錯誤の歴史から学ぶべきことがあるのではないだろうか。

2 明治憲法体制下の信教の自由とその限界

明治憲法と宗教警察

戦前の日本では、天皇の権威や〝国家神道〟が国民の宗教生活を支配し、信教の自由は著しく制限されていたという理解が一般的だろう。国家にとって都合が悪い宗教は、適当な理由をつけて叩き潰していたというイメージもある。当たらずとも遠からず、という部分もなくはないが、実際にはどうだったのか、議論の前提として改めて確認しておく必要がある。

1889年に発布された大日本帝国憲法（明治憲法）には、信教の自由についての条文があった。「日本臣民は安寧秩序を妨げず及臣民たるの義務に背かざる限りにおいて信教の自由を有す」（第28条）がそれで、条件付きとはいえ国民にはみずからの信仰を自由に選択する権利が認められていた。

問題は、「安寧秩序」を妨げないこと、「臣民たるの義務」に背かないこと、という二つの限定条件の中身である。一つの手がかりとして、警察行政を管轄する内務省事務官の永野若松が1936年に発表した「宗教警察に就いて」という論文を利用しよう（『警察協会雑誌』434号）。

明治憲法体制期の警察官僚が、どのような意識と論理で宗教を見ていたかがよく表れているからだ。

この論文で永野は、「近代国家における法治主義の主要なる支柱」として、憲法で保障された信教の自由の意義を再確認する。しかしながら、信教の自由は「国家の権威に対する尊敬」(臣民たるの義務)と、「社会の全体的利益に対する奉仕」(安寧秩序の保全)を前提とした自由なのだから、「反国家的・反社会的宗教」は存在を許すべきでなく、厳格な取締りの対象としなければならないと主張する。

〝反国家的〟宗教と〝反社会的〟宗教

つまり、近代国家における信教の自由の重要性を認めつつ、〝反国家的〟〝反社会的〟な宗教をその自由の対象から除外するというのが、内務省の論理だった。では、警察が取締まるべき「不純不正なる宗教活動」とはどのようなものなのか。宗教警察の当面の目標として永野があげるのは、以下の5点である。

(イ)国体の擁護と不敬思想の撲滅
(ロ)人心惑乱行為の禁圧

（ハ）医療妨害行為の禁遏
（ニ）財物搾取行為に対する制圧
（ホ）風俗壊乱的行為の禁遏

（イ）は〝反国家的〟な宗教活動、他の四つは〝反社会的〟な宗教活動を対象とする取締りに分類することができるだろう。

第一に挙げられている（イ）は戦前期特有の項目である。宗教に限られるものではないが、「神聖不可侵」の主権者とされていた天皇の権威を貶める不敬行為、また天皇を頂点とする国家体制を危うくするような行為は厳しい取締りの対象になった。

（ロ）（ハ）（ニ）（ホ）で言及されている〝反社会的〟行為は、明治期から現在に至るまで、マスメディアが新宗教を批判する際に言及される〝定番メニュー〟と重なっている。たとえば宗教社会学者の井上順孝は、明治以来の新宗教批判には、①性的ないかがわしさ＝（ホ）、②金銭面でのあくどさ＝（ニ）、③病気治しのインチキ性＝（ハ）といった「お定まりのパターン」が見られると指摘している（井上順孝、１９９６年）。裏返していえば、人々のお定まりの欲望がこのあたりにあるからこそ、こうした項目が新宗教批判に用いられるのである。

要するに、戦前期の宗教取締りや新宗教批判言説における《悪い反世俗性》は、現代の新宗教批判と共通の〝定番メニュー〟に、天皇制国家の存立に関わる思想的・政治的問題を加えることで成り立っていたわけである。

ただし、永野も認めるように、宗教の取締りには解決困難な問題がともなっている。たとえば信仰に基づく治療についていえば、どこまでが精神療法として許容され、どこからが医療妨害となるのかを判定することは難しいし、財物搾取の問題にしても、どのようなものを詐欺や恐喝、不法な寄付金募集行為として取締まるべきなのか、簡単に答えることはできない。そして何をもって〝邪教〟や〝迷信〟と呼ぶべきなのかという問題は、「最も大なる困難」に直面することになるという。

この論文からは、1930年代にあっても、警察当局者が「信教の自由」と「社会の全体的利益」をいかに両立させるべきか、という課題を意識していたことがわかる。そしてそれは、現代にまで引き継がれる古くて新しい論点でもある。たとえば、統一教会問題をめぐって「憲法が保障する「信教の自由」は、最大限に尊重されなければならない。とはいえ、いかなる団体であれ、公共の福祉を害する行為は許されない」と論じる『毎日新聞』の社説（2022年10月18日付朝刊）は、80年以上の時を隔てて永野の議論を反復している。

3 「愚民」の宗教――明治20年代の天理教批判文書

天理教の発展と批判の高まり

明治憲法体制下で〝反社会的〟〝反国家的〟とみなされたのはどのような宗教だったのだろうか。本章で具体的に取り上げるのは、天理教と大本（おおもと）という二つの宗教運動である。天理教は戦前期の日本で最も大きな勢力を誇った新宗教であり、大本は規模こそそれほどではないが、その活動の特異性によって一時代を画する存在となった。この両者を代表例として、戦前期の新宗教批判や弾圧のありようを検討してみよう。

文明開化や殖産興業、富国強兵をスローガンとして近代化が進められた明治時代は、多くの新宗教が台頭し、人々の耳目を集めた時期でもあった。なかでも大きな勢力を誇ったのが、大和国の農民だった中山みきが1838年に創唱した天理教である。彼女の神がかりを起点とする宗教活動は、病気治しのわざや独自の教説が評判を呼び、幕末期から少しずつ固定的な信者集団を形成していった。他方、明治政府は、文明化・合理化を推進する立場から、神がかりや占いによって人々を惑わせる、またまじないや祈禱によって医薬を不要とするなどの行為を禁じたため、みきらの活動に対しても警察による取締りが繰り返された。

天理教は、中山みきの死後、明治20年代以降に大きく勢力を拡大させる。公認教である教派神道の傘下に入ることで活動の合法化をはかり、病気治しを柱とした精力的な布教によって、19世紀末には全国に300万もの信者を有するまでに成長したといわれる(辻井正和、1995年)。

ところが、天理教の発展と比例するように、この新興教団を批判する書籍や新聞記事が急増する。批判書籍を刊行したのは、多くが僧侶や神職であり、執筆の背景には天理教の急激な伸張に対する危機感があったといわれている(天理大学附属おやさと研究所編、2018年)。中山みきや幹部に対する悪口雑言、神道を名乗りながら神仏混合の教えを説いているとする批判、みきの語る人間創造神話が荒唐無稽で、天皇の祖先神を蛇と同一視するなど不敬の内容を含んでいるとする批判、天理教の活動が風俗壊乱・医療妨害・財物搾取行為になっているとする批判などが、主たる内容だった(高野友治、1963年)。〝反国家性〟と〝反社会性〟の要素が入り混じっているが、この時期の言説では〝反社会性〟がより強調されていた。

近代に乗り遅れた存在として

ここで注目しておきたいのは、当時の批判文書に頻出する「愚民」「愚夫愚婦」「頑民」などといった蔑称である。たとえばある批判書は、この教団を「一愚婦の主唱するところにして其愚婦を教祖と仰ぐ今一段降りたる愚民の集合体」と表現している。その信者は「明治の愚民開化の野蛮人」、すなわち近代にふさわしい知性を欠いた存在であり、社会の進歩と国家の隆盛を願うならばこの教団を「撲滅」しなければならないのだと、著者は主張する（羽根田文明『天理王弁妄』法藏館、1893年）。

この時期の新宗教批判の特徴は、識者／愚民、文明／野蛮という二項対立の構図である。教祖も「愚民」なら、ついていく信者たちも「愚民」だと、ひとくくりにして軽蔑の対象とされている。ただし、新宗教の「愚民」性は批判文書の著者たちにとって無縁のものでなく、彼ら自身もかつて慣れ親しんだ民俗社会の記憶に結びついていた。だからこそ、彼らは過去の残滓としての新宗教をまるごと否定・排除することによって、文明人としてのアイデンティティを確立する必要があったのだ（佐野智規、2007年）。

こうした言論の高まりを受けて、内務省は1896年に、警察に向けてつぎのような訓令を発し、監視や取締りを指示している。

近来天理教会の信徒を一堂に集め、男女混淆動もすれば輒ち風俗を紊るの所為に出で、或は神水神符を付与して愚昧を誑惑し、遂に医薬を廃せしめ、若くは紊りに寄付を為さしむる等、其の弊害漸次蔓莚の傾向有之、之を今日に制圧するは最も必要の儀…。

前節で見た永野論文にいうところの、風俗壊乱的行為、医療妨害行為、財物搾取行為の三つが指摘されている。明治期の天理教は、近代化を目指す日本が決別すべき過去の残滓、〝反社会的〟な宗教として警察の監視・取締りの対象となっていたのである。

4　大本の世直し思想と弾圧

「立替え立直し」の思想と近代日本

天理教から半世紀ほど遅れて開教した大本は、近代日本最大の宗教弾圧を受けたことでよく知られている。1892年、京都府綾部の貧民だった出口なおの神がかりとともに、この宗教運動は始まった。なおは自分に憑依した「艮の金神」の言葉とされる「筆先」を書き、やがて小規模な信者集団を形成した。その後、新進宗教家の上田喜三郎が教団に加入、なおの娘婿となり出口王仁三郎と名乗る。なおと王仁三郎というユニークな指導者の協働を通じて、大本の宗教世界が形成されていった。

大本の根本思想は「立替え立直し」である。出口なおは筆先の中で、長らく艮の方角に封じ込められていた金神が表に現れ、「利己主義の世（われよし）」「獣類の世（けもの）」とされる現在の社会を転覆させ（立替え）、それに対置される「元の神の世」を実現させるのだと説いている。先行する新宗教の天理教などにも権力批判の要素はあるが、虐げられた者の立場から、近代化する日本社会の全体を徹底的に批判するという点において、なおの思想は際だっていた（安丸良夫、2013年）。

明治末頃に教団の主導権を握った王仁三郎は、立替え立直しについてのなおのビジョンを引き継ぎつつ、独自の変革思想へと再編していく。それは、一方で天皇中心主義を唱えながら、他方ではその天皇が統治している日本社会の構造を批判し、その根本的な変革を主張するという、入り組んだ思想だった。大正時代から昭和初期にかけて、大本は庶民の信仰を集めただけでなく、立替え立直しのビジョンに共鳴する知識人・軍人などの信者やシンパを獲得する。資本主義の進展とともに社会の矛盾や不平等が拡大し、人々は行き場のない不安や憤りを抱えていた。大本の運動は、そうした感情の一つの受け皿として機能したのである。

こうした大本の教義は、社会的な反響を呼ぶと同時に警察の介入を招き、1921年に王仁三郎らが不敬罪・新聞紙法違反の容疑で検挙される（第一次大本事件）。その後再起して、海外の諸宗教と交流して平和的世界の建設を目指すなど、多岐にわたる活動を行ったが、ここでは

1930年代の神聖運動に注目しておこう。

当時、昭和恐慌や凶作による経済的危機、満洲事変以降の政治的・外交的危機が高まる中で、天皇を中心としたナショナリズムを高揚させることによって閉塞感を突破しようとする空気が日本に充満していた。大本は時代の雰囲気を敏感に読み取り、年来の立替え立直し思想を核とする国家主義運動を展開していく。

王仁三郎は外郭団体として昭和神聖会をつくり、天皇機関説排撃や軍縮条約破棄を要求する天皇中心主義的・対外膨張主義的運動、窮乏する農村を救済しようとする農本主義的運動などに取り組んでいった。昭和神聖会には、大本信者だけでなく右翼・国家主義者や軍人なども集まり、当時の最も有力な国家主義団体として注目を浴びた。

国家＝社会の敵

だが、大本の活発な運動は内務省の警戒するところとなり、1935年12月に第二次大本事件と呼ばれる二度目の大規模な取締りが行われた。主な容疑は、不敬罪と治安維持法違反。不敬罪は天皇・皇室や神宮などの権威を毀損する行為を処罰するものであり、治安維持法は天皇を頂点とする国家体制（国体）の変革、あるいは私有財産制の否認を意図する結社を取締る法律である。

大本は天皇の権威を否定し、国体を変革しようとしていたのだろうか。先に述べたように、大本（王仁三郎）の立替え立直し思想は、強力な尊皇愛国の要素と激しい現状批判が同居する、両面的な性格をもっていた。見方によっては国家主義ともいえるのだが、その構想は現実の日本国家を超えるものなのだから、〝反国家的〟な企てだといえなくもない。そして、うわべでは尊皇を唱えながら、実際には王仁三郎が天皇に取って代わる計画を隠しもっているのではないかというのが、取締りを行った特別高等警察の解釈だった。

検挙後、内務省警保局の古賀強は、大本は「我国体と絶対に相容れない邪教」であり、「尊厳無比なる我皇土の上に存在することは、一日と雖も之を許容し得ざる所」だと、口を極めて罵倒の言葉を並べている（古賀強「大本事件の真相に就て」『警察協会雑誌』434号、1936年）。教団本部は徹底的に破壊され、逮捕された信者の中には拷問で精神を病んだ者や拘置所で亡くなった者もいた。日本の敗戦によって事件が解決するまでの約10年間、大本は完全に組織的活動を停止させられ、〝反国家的〟な宗教としての汚名を刻印されたのである。

ところで、第二次大本事件の検挙が行われた時、王仁三郎は各新聞によって「金とエロ」にまつわるスキャンダルを捏造され、〝反国家的〟であるばかりでなく〝反社会的〟な人物でもあるというイメージが焼きつけられた（川村邦光、2017年）。大本に対する世間の目は厳しく、信者たちは「まるで罪人のあつかい」を受け、左遷や解雇、廃業、差別・いじめなどに苦しめられたといわれる（大本七十年史編纂会編、１９６７年）。〝邪教〟への憎悪の感情が増殖・肥大化し、家族ぐるみで社会的排除の対象となっていたのである。

他方、先述した明治期の天理教批判文書は、天理教が人心を惑わせて文明の進歩を妨げ、人智の発達を阻害していると指摘し、それは教育勅語の精神に反する不敬行為にほかならないと論じていた（佐野智規、２００７年）。天理教の〝反社会的〟な行為は、文明化のシンボルとしての天皇の「聖慮」を無にする〝反国家的〟な行為へとつながっていることになる。国家と社会がほとんど重なり合い、いわば官民一体となって国家＝社会の敵としての〝淫祠邪教〟を排撃したのが、明治憲法体制下の日本だったのだ。

5 マイノリティの身ぶりと総力戦体制

近代社会への適応

明治中期に激しい批判や監視の視線にさらされた天理教は、問題視された点についての改善を行い、教祖・中山みきを尊皇・愛国の宗教家と位置づける国家主義的教義の整備や、組織の合理化を進めた。さらには勤労奉仕や国家への献金、海外移民事業への参加などを通じて、国家・社会の発展に資する宗教への脱皮をはかることになる。

なかでも重要なのは「ひのきしん」の運動である。これはみきの著作の中にある言葉で、神の恩に感謝して日々の奉仕を行うこと、といった意味があるとされている。明治末期以降、天理教ではこの「ひのきしん」の範囲を拡大させて道路修繕や公園清掃を行い、さらに信者に職場での〝時間外労働〟を求めるなど、自己の利益を犠牲にしても教団外の社会に奉仕する姿勢を打ち出していく。社会貢献を通じて、自分たちにつきまとう《悪い反世俗性》のイメージを払拭しようとしたのである。

1920年代末、外部の読者を想定し、「天理教の案内書」として編集された書物は次のようにいう。いまだに天理教を「愚夫愚婦のみが盲信する下等な迷信」だと思っている人が多いが、すでに「600万の日本人、数万の朝鮮人、支那人、幾千の米国人ロシア人南洋人」がこの宗教を信仰している。600万といえば当時の日本の人口の約1割に相当するから、「日本人の1割を愚夫愚民だとは如何(どう)しても信じられないではありませんか」。この数字は鵜呑みにできないものの、仏教に次ぐ大教団として国内に定着したという自負を背景に、国民の思想をリードし、海外に教えを広める役割を自任していたのである(天理教綱要編纂委員編『天理教綱要 昭和4年版』天理教道友社、1929年)。

〝社会貢献〟としての戦争協力へ

しかし、この間も巷の天理教批判はくすぶり続けており、1930年代後半に再び教団の危機が訪れることになる。先に述べたように、この時期には政治・経済・外交の行き詰まりの中でナショナリズムが高揚し、天皇と国体が極度に神聖化されていた。国家の正統的神話と天理教の教えの矛盾がクローズアップされるとともに、天理教から分派した教団が不敬罪で検挙されたことなどから、天理教は「反国体思想の一大根源なり」とする声が高まっていく。

35年の第二次大本事件を皮切りに、数多くの教団・宗教者が不敬罪や治安維持法違反で取締りを受ける中で、巨大教団・天理教も安泰ではなかった。38年、世論に押される形で、文部省宗教局は天理教に大規模な教団改革を要請した（内務省警保局編『社会運動の状況11――昭和一四年』三一書房、1972年）。天理教は、それまで説かれていた教えの多くを時局に沿わないものとして封印しなければならなかったのだ。

最後に残ったのは「ひのきしん」だった。《反世俗性》を放棄し、国家＝社会の必要を満たす奉仕の担い手、労働力の供給者になることである。戦時中、天理教は「ひのきしん隊」を結成して、多くの信者を農村や工場、炭鉱に送り出し、食料や軍需物資、燃料などの増産という形で戦争遂行に〝貢献〟した。それは、社会の価値観への過剰同調によって身を守ろうとするマイノリティ宗教の身ぶりにほかならなかったのである(永岡崇、2015年)。

6 〝反社会的〟な国家——〝国家神道〟と〝民衆宗教〟言説

占領という転機

日本がアジア・太平洋戦争に敗北し、連合国による占領が始まると、宗教の《反世俗性》をめぐる認識に変化が生じることになる。日本の非軍事化と民主化を重要な課題とした連合国軍最高司令官総司令部(GHQ)は、国家によって神社に特権的な地位が与えられ(これを彼らは〝State Shinto〟と名づけた。日本語では〝国家神道〟として知られる)、人々の信教の自由を侵害してきたことが、軍国主義や過激な国家主義を生み、民主化の妨げとなっていると考えた。

そこでGHQは国家と神社の間の特別な関係を断ち切り(政教分離)、真の意味での信教の自由を打ち立てるべくさまざまな政策を打ち出していく。その過程で、〝反国家的〟な宗教の取締りに用いられた不敬罪は刑法から削除され、治安維持法も廃止される。大本をはじめ、戦時中にこれらの法律によって取締りを受けた諸宗教の容疑も〝消滅〟したのである。

敗戦と占領をへて、〝国家神道〟をシンボルとする明治憲法体制が、国民の人権を侵害した悪しき国家体制であったという理解が広まった（Jolyon, 2019）。〝反国家〟と〝反社会〟がほとんど区別できなくなっていた戦前期から一転して、国家と社会は必ずしも重なり合っているわけではなく、むしろ国家が〝反社会的〟な存在となることもあるという認識が生じたのだともいえる。

〝反国家的〟宗教の再評価

こうした価値転換を体現した研究者として、歴史学者の村上重良がいる。村上はその名も『国家神道』（岩波新書、1970年）という本を書き、皇室祭祀や天皇崇敬のシステムと神社神道とが組み合わさってつくり出され、国民の精神生活に大きな影響を及ぼしたものとして、〝国家神道〟を批判的に分析した。そして、信教の自由と並ぶ戦後宗教体制の柱である政教分離原則の確立を終生のテーマとし、政教分離に関する違憲訴訟にも積極的に関わっていた。

村上は、「政教分離の侵害を監視する全国会議」でともに活動していた仲間とともに『宗教弾圧を語る』（岩波新書、1978年）という本を編んでいる。大本事件など、昭和初期の宗教取締りを体験した宗教者たちへのインタビューを収めたものである。彼らの証言は、「国家神道による国民支配が、全国民から信教の自由を奪い、宗教者をはじめ多くの国民の人間としての尊厳を踏みにじった、かずかずの事実を明らかにしている」と同時に、「近代天皇制下の宗教者が負った苦難と栄光を巧まずに物語っている」のだと、村上らは述べている。「法律も人権も全くないがしろにされる」弾圧の理不尽さによって、「国家神道体制」の悪辣さが証明される。かつて〝反国家的〟宗教として否定され、禁圧された者たちの経験が、新たな光とともに読みなおされたのである。

村上重良が切りひらいたもう一つの重要な領域である民衆宗教の研究は、まさに〝反国家的〟宗教の再評価という性格をもっている。村上は、幕末維新期から明治前期にかけて成立した民衆的諸宗教を「近代民衆宗教」と名づけ、その歴史的性格を分析した。具体的には、富士講系諸宗教、天理教、黒住教、金光教、大本などが取り上げられている。その多くは、かつて〝淫祠邪教〟の名で批判や弾圧を受けてきたものである。

村上は、民衆宗教の中でも中山みきや赤沢文治（金光教）、出口なおら教祖たちの思想に重きを置いた。それは、彼らが権力におもねることなく自律的な宗教活動を展開し、ときに権力批判も辞さなかったことによる。それに対して、明治後半以降の天理教や金光教のように、教祖の没後に「国家神道体制」への従属を進めたものについての評価は低い。あくまで支配体制に対する抵抗の可能性こそが、民衆宗教の歴史的意義として描かれるのである（『近代民衆宗教史の研究 改版』法藏館、1963年）。

村上らの民衆宗教研究が立ち上がった1950年代後半から60年代にかけては、原水爆禁止運動や反基地闘争、安保闘争、ベトナム反戦運動など、市民を主体とする社会運動が盛り上がった時期であり、抑圧的な体制に抵抗・対抗する民衆宗教のイメージは、その時代の気分とも共鳴していた。大本弾圧事件などを題材にした高橋和巳の小説『邪宗門』（1965～66年）も、〝反体制的〟な宗教の可能性を追求して、全共闘世代の若者に熱心に読まれたといわれている。

7 戦後社会と《善い反世俗性》

新宗教をめぐる戦後の語り

戦前の〝反国家的〟宗教が再評価されたとはいえ、戦後社会でも新宗教は警戒や非難の対象であり続けた。新たに制定された宗教法人法のもと、宗教団体の活動は格段に自由になり、創価学会や立正佼成会、霊友会、世界救世教、阿含宗、崇教真光、GLA、統一教会、幸福の科学など、多くの新宗教が発展期を迎えたが、これらはしばしば前述の〝定番メニュー〟を中心としたバッシングを受けている。マスメディアで流布されるこうしたイメージは、完全なでっち上げにすぎないこともあるし、ごく少数の偶発的な例がその宗教全体の問題として拡大解釈される場合もある。ともあれ、性やカネ、健康にまつわる人々の欲望につけ込んで社会を害するものというステレオタイプが、見慣れぬ宗教の急速な台頭を手っ取り早く理解するための、便利な枠組みとして用いられてきたのだ。

他方、村上重良は民衆宗教の〝反体制的〟側面を強調して描いた一方で、彼らの〝反社会的〟側面を掘り下げることには消極的だった。政府やジャーナリズムによる取締りやバッシングがあったことには触れているものの、これらの宗教が信者やその家族などにもたらした負の影響などはあまり論じられない。〝反社会性〟への言及を控えることによって、民衆宗教の《善い反世俗性》のイメージを語ることができたのだともいえる。

戦後の新宗教を研究する宗教学者たちも、対象となる教団に共感を抱きつつ、そのポジティブな側面に注目することが多かった。批判はジャーナリズムが担当し、アカデミックな宗教研究では現状の社会体制や既存の価値観に対するオルタナティブ（代替案）を新宗教に見出すという役割分担が、暗黙のうちに形成されていたと考えられる（伊藤雅之、２０２１年）。

オウム真理教事件と《善い反世俗性》の凋落

新宗教に《悪い反世俗性》を見る立場と《善い反世俗性》を見る立場の並存状況は１９９０年代まで続いたが、オウム真理教による地下鉄サリン事件によって両者のバランスが崩壊することになる。

1995年の地下鉄サリン事件を契機としてメディアの報道が爆発的に増加する前から、オウム真理教が〝反社会的〟な集団であるとする批判はすでに行われていた。マスメディアによる批判の口火を切ったのは『サンデー毎日』が組んだ一連の特集「オウム真理教の狂気」(1989年)である。若者を「洗脳」して家族と引き離し、教祖・麻原彰晃の血を溶かした液体を飲むような修行を課すことの異様さ、高額の布施を巻き上げる「オウム商法」の問題性などを報じ、オウムの《悪い反世俗性》を浮き彫りにしようとするものだった。

他方、むしろオウムの〝反社会性〟を肯定的に評価する研究者も現れた。『サンデー毎日』の特集開始から2ヶ月ほど後、宗教学者の中沢新一が麻原と対談を行っている。このなかで中沢は、オウムの中に「狂気」を見るマスメディアの論調を逆手にとり、「反社会性と言われれば、たしかにそのとおりだと思いますね。オウム真理教は、もともと反社会的な宗教なのです」と語る麻原に呼応して、つぎのように発言した。


あらゆる社会的なスタンダードを乗り越えていく生き方を追究することが宗教の生命ならば、たしかにあらゆる宗教は本来「反社会性」を内に秘めているのだ、とぼくも思います。

(麻原彰晃・中沢新一「オウム真理教教祖が全てを告白〝狂気〟がなければ宗教じゃない」『SPA!』

1989年12月6日号）

宗教の「反社会性」の意義を積極的に評価する中沢の発言の背景には、近代社会の諸制度が硬直化・肥大化し、行き詰まりを見せていると考えるポストモダン的な発想があるだろう。当時、超能力開発や瞑想、トランスパーソナル心理学、占いなどといった実践に、社会の閉塞状況を突破しうる新たな「知性」としての可能性を見ようとする、精神世界と呼ばれる文化が広がっていた（平野直子、2011年）。中沢のいう「反社会性」は、《善い反世俗性》の一つの表現に他ならない。

だが、地下鉄サリン事件後、数々の事件についてのオウムの容疑が決定的になると、オウムの《反世俗性》に価値を認めようとする言説は、世間の非難の対象となった。たとえば『毎日新聞』に投書したある男性は、「異様なまでにオウムに肩入れ」していた宗教学者（中沢新一と島田裕巳）について、「こうした学者がいたことが、今日のオウムをつくり上げる一つの要素になったのではないか。オウムの強大化に力を貸した宗教学者は猛省すべきだ」（1995年4月19日東京朝刊）と、怒りの声をあげている。オウムによる無差別殺人がもたらした衝撃や恐怖、不安の前では、その《反世俗性》が社会に受け入れられる余地はもはや残されていなかったのである。

オウム真理教事件以降、日本社会では「第二のオウム」への警戒心が強まり、社会との軋轢（あつれき）を引き起こす（引き起こしそうな）宗教団体にはそれまで以上に厳しいまなざしが注がれるようになった（堀江宗正、２０１９年）。社会通念から著しく乖離した教えを説く宗教が幅広い支持を得ることは考えにくくなり、宗教の《反世俗性》は、単純に否定と排除の対象でしかなくなっているのが現代の状況ではないだろうか。

逆の方向から、そのことを確かめておこう。日本社会で宗教に対する拒否感が強まる一方で、東日本大震災を契機に、傷ついた人々の心に寄り添う宗教者の役割が見直されてきている。被災地や医療機関、福祉施設といった公共空間で心のケアを提供する臨床宗教師は、その流れを象徴する存在だといえる。大学機関等で行われる臨床宗教師養成講座で重視されるのは「傾聴」、つまり布教・伝道や営利を目的とせず、相手の価値観を尊重しながら苦悩や悲嘆を抱えた人々に寄り添うことである（パンフレット『臨床宗教師とは』日本臨床宗教師会、２０１９年）。そこでは、人々の価値観を否定・相対化するような宗教の《反世俗性》を抑制することこそが必要とされるのだ。

8 〝私たち〟を問う契機として

統一教会問題の古さと新しさ

ここで、昨年来の統一教会問題に立ち戻ろう。

この問題はある意味で古く、ある意味で新しい。古いというのは、統一教会の《反世俗性》は1960年代から、報道や裁判を通じて一般にもよく知られていることだからだ(櫻井義秀・中西尋子、2010年)。金銭トラブルや不正な入信勧誘の方法など、新宗教の《悪い反世俗性》として頻繁に登場する〝定番メニュー〟に相当する問題が指摘されている。ただしこれらの問題は、たんなる風評ではなく、被害者の告発や全国霊感商法対策弁護士連絡会などの粘り強い調査活動を通じて確かめられてきた事実であることを強調しておく必要がある。

新しいのは、この問題が公共の言論空間に再浮上したきっかけとその後の経過である。直接的な原因は、いうまでもなく安倍元首相の銃撃という衝撃的な出来事だ。統一教会信者の子どもとして育ったために、容疑者がこれほどの事件を起こすまでの苦しみと恨みを募らせてきたということへの驚き、そしてその怒りの矛先が元首相に向けられたことへの戸惑いが広がった。

そして人々のこの驚きや戸惑いが、それまで放置されていた――もちろん持続的に関心をもってきた人たちもいるのだが――統一教会の《悪い反世俗性》への憤り、そして教団と関係をもつ政治家に対する不信感へと膨らんでいったのだ。こうした感情に裏づけられた世論が、教団との密接な関係が明らかになった閣僚を辞任に追い込み、被害者救済法案の速やかな成立を可能にしたことは間違いない。さらに、宗教法人解散命令請求を視野に入れ、文部科学省による教団への質問権行使も重ねられている（2023年3月末時点で5回の行使）。

宗教を飼い慣らす私たち？

この間の事態の推移を、本章で追ってきた戦前の新宗教弾圧の事例と重ねてみると、何が見えてくるだろうか。

まず違いから確認しておこう。明治憲法体制のもとでは、天皇を頂点とする国家体制の権威が絶対視され、それを揺るがすおそれのある〝反国家的〟な宗教活動は取締りの対象となった。これに対して戦後は〝反国家的〟な思想・教義を対象とする弾圧が否定され、統一教会の〝反社会性〟による法的措置に関しても慎重な手続きが踏まれている。また統一教会問題では、教団・信者・家族らを国家＝社会の敵としてまるごと迫害・排除の対象とした戦前の社会とは異なり、（元）信者や宗教2世の人権を尊重し、その社会生活の支援を進めようとする動きが生まれている。その意味で、かつての宗教弾圧と統一教会問題をめぐる政府の動きを同列に論じることはできない。

しかし、やや視点を引いて、宗教の《反世俗性》と社会の関係に注目すると、明治憲法体制下と現在の状況に共通する点も見えてくる。たとえば、1930年代の第二次大本事件（第4節）は、内務省の判断による弾圧であっただけでなく、それに同調する社会の〝邪教〟排斥の運動でもあった。また天理教に対する文部省宗教局の介入（第5節）は、政府独自の判断というより、天理教排撃を叫ぶ世論の高まりにせっつかれて行われていた。戦前の宗教弾圧は、国家権力による暴力というイメージで語られがちだが、そこに《悪い反世俗性》をもつとされる宗教に対する国民の処罰感情が介在していたことは重要である。そしてそれは、教団の《悪い反世俗性》、そして教団と政治家のつながりに対する人々の拒絶意識が決定的な役割を果たした統一教会問題にも共通する点ではないだろうか。

ポストオウム事件的状況において、宗教の《反世俗性》を肯定的に語る言説は、公共空間での居場所を見出せなくなっているように思われる。統一教会研究を牽引してきた宗教研究者たちも、この教団による正体を隠した勧誘や高額の献金要請を「人権侵害」として厳しく批判する声明を発表するなど（宗教研究者有志「旧統一教会に対する宗務行政の適切な対応を要望する声明」2022年10月24日）、《悪い反世俗性》への対決姿勢を明らかにした。彼らは〝人権〟という価値を重んじ、被害者の苦しみや訴えに連帯することで、研究者としての社会的責務を果たそうとしている。

だが一方で、宗教の《悪い反世俗性》を語る言葉は、その性質上、〝私たち〟と〝彼ら〟、被害者と加害者、善と悪といった二項対立的な思考を招き寄せるものであることを忘れてはならない。この思考法が肥大化すると、〝私たち〟の世俗的な感性や価値観が絶対視され、その感覚に沿うものへと宗教を飼い慣らそうとする力が働く可能性がある。

かつての〝淫祠邪教〟取締りは、当時の国家＝社会の価値観への宗教の過剰同調、いわば〝社会貢献としての戦争協力〟を導いた。戦後の価値転換の結果、官民挙げての宗教弾圧は批判や反省の対象となったが、統一教会問題においても、問われるのは私たちの社会なのかもしれない。戦前の轍を踏まないためには、元首相殺害によって浮上した諸問題を一過性の話題として消費するのではなく――すでにその気配が漂っているが――宗教の《反世俗性》と私たちの社会の関係はどうあるべきなのか、息の長い議論を続ける努力が必要なのではないだろうか。

【参考文献】
伊藤雅之『現代スピリチュアリティ文化論――ヨーガ、マインドフルネスからポジティブ心理学まで』明石書店、2021年
井上順孝『新宗教の解読』筑摩書房、1996年

大本七十年史編纂会編『大本七十年史　下』大本、１９６７年
川村邦光『出口なお・王仁三郎――世界を水晶の世に致すぞよ』ミネルヴァ書房、２０１７年
櫻井義秀・中西尋子『統一教会――日本宣教の戦略と韓日祝福』北海道大学出版会、２０１０年
佐野智規「恐るべき「愚民」たち――一九世紀末日本における天理教批判の分析」『早稲田大学大学院文学研究科紀要 第３分冊』52号、２００７年
島薗進・釈徹宗・若松英輔・櫻井義秀・川島堅二・小原克博『徹底討論！問われる宗教とカルト』ＮＨＫ出版、２０２３年
高野友治「明治時代のジァナリズムに現われた天理教批判の研究」『天理大学学報』15巻2号、１９６３年
辻井正和「天理教の教勢１００年――統計数字から客観的にみる」『天理大学おやさと研究所年報』1号、１９９５年
天理大学附属おやさと研究所編『天理教事典 第三版』天理大学附属おやさと研究所、２０１８年
永岡崇『新宗教と総力戦――教祖以後を生きる』名古屋大学出版会、２０１５年
平野直子「オウム真理教と雑誌報道」井上順孝責任編集・宗教情報リサーチセンター編『情報時代のオウム真理教』春秋社、２０１１年
堀江宗正『ポップ・スピリチュアリティ』岩波書店、２０１９年
安丸良夫『出口なお――女性教祖と救済思想』岩波書店、２０１３年
Jolyon Baraka Thomas. *Faking Liberties: Religious Freedom in American-Occupied Japan*, The University of Chicago Press, 2019

第4章 韓国の統一教会と日本人信徒

中西尋子

1 合同結婚式における韓日カップル

1992年8月25日、ソウルのオリンピックメインスタジアムで統一教会の3万組の合同結婚式が開催された。この挙式には桜田淳子（歌手・俳優）や山崎浩子（元新体操選手、1984年のロサンゼルスオリンピック出場）が参加することが明らかになり、挙式前から過熱気味の報道が続いた。桜田淳子や山崎浩子ばかりに注目が集まったが、挙式にはそのほか多くの日本人男女が参加した。日本人同士のカップルだけでなく、国際結婚のカップルもおり、日本人と韓国人のカップルもいた。

合同結婚式で日本人と韓国人のカップリングが本格化したのは1988年（6500組）の挙式からであり、統一教会の発表によれば参加者は6516人、このうち韓国男性と日本女性のカップリングが1526組、日本男性と韓国女性のカップリングが1060組あった。統一教会が特に力を入れたのは韓国男性と日本女性のカップリング「韓日祝福」だった。1988年に続く1992年（3万組）、1995年（36万組）の合同結婚式ではさらに多くの韓日カップルが生まれた。その後も韓日のカップリングは行われ、韓日祝福を経て渡韓した日本人女性信者はおよそ7000人とされる（教団幹部が講演で明らかにした人数）。相当数が地方や農村部の男性のもとに嫁ぎ、統一教会に入信せずに通常の結婚をしたならば経験せずにすんだはずの苦労を強いられている女性が少なくない。

日本人男性と韓国人女性のカップリング「日韓祝福」による在韓日本人男性信者は約300人であり（韓国の統一教会機関紙『本郷人』2008年8月号）、女性と比べてはるかに少ない。したがって本稿では韓日祝福について取り上げ、統一教会がなぜ韓日祝福に力を入れたか、統一教会が在韓日本人女性信者をどのように意味づけているかを明らかにする。

2　韓国に暮らす日本人女性信者の人数

一般に新宗教教団の公称信者数は実際より多めだといわれるが、韓国に暮らす統一教会の日本人女性信者がおよそ7000人という数字は、ほぼ実態に近いのではないかと思われる。韓国の国勢調査（統計庁『2000人口住宅総調査報告書』第1巻全国版3－1）や日本の外務省による「海外在留邦人数調査統計」で在韓日本人の人数を見ると、女性が際立って多いことが確認できるからである。

図表4－1は韓国に在留する外国人の人数である。男女比で見ると中国はほぼ同数であり、そのほかの国々は男性が多い。日本だけ女性が男性の1・34倍いる。図表4－2は地域別在留日本人の人数である。ソウル特別市、釜山広域市、済州道（済州島）は男性が多いが、そのほかの地域ではすべて女性が男性を上回っている。全羅北道や全羅南道では女性が男性の約20倍いる。図表4－3は年齢階層別在留日本人の人数である。25～29歳、30～34歳、35～39歳の女性は男性の2～3倍いる。

図表4－4は「海外在留邦人数調査統計」をもとに筆者が作成した、韓国在留日本人の職業別長期滞在者数（届け出の本人のみ、同伴家族除く）の表である。1「民間企業関係者」、2「報

図表4-1　男女別在留外国人人数

	全体	男性	女性	男女比
全国	150,812	90,401	60,411	0.67
中国	25,109	12,366	12,743	1.03
中国（朝鮮族）	22,365	12,840	9,525	0.74
日本	**13,398**	**5,715**	**7,683**	**1.34**
フィリピン	12,083	6,498	5,585	0.86
アメリカ	11,940	7,390	4,550	0.62
インドネシア	10,513	8,036	2,477	0.31
台湾	8,798	4,864	3,934	0.81
ベトナム	8,725	5,093	3,632	0.71
バングラディシュ	5,137	4,916	221	0.04
タイ	4,114	2,571	1,543	0.60
パキスタン	3,250	3,071	179	0.06
カナダ	2,468	1,511	957	0.63
ネパール	1,447	1,246	201	0.16
インド	1,440	1,140	300	0.26
イギリス	1,184	866	318	0.37
フランス	1,142	741	401	0.54
ドイツ	920	655	265	0.40
オーストラリア	719	456	263	0.58
マレーシア	353	230	123	0.53
その他	15,707	10,196	5,511	0.54

（出所）統計庁『2000人口住宅総調査報告書』（第1巻全国版3-1）より作成。

図表4-2　地域別在留日本人の人数

地域	全体	男性	女性	男女比
ソウル特別市	5,599	3,047	2,552	0.84
釜山広域市	1,425	992	433	0.44
大邱広域市	204	60	144	2.40
仁川広域市	330	128	202	1.58
光州広域市	204	63	141	2.24
大田広域市	159	44	115	2.61
蔚山広域市	130	41	89	2.17
京畿道	1,602	462	1,140	2.47
江原道	363	24	339	14.13
忠清北道	290	51	239	4.69
忠清南道	722	258	464	1.80
全羅北道	**411**	**20**	**391**	**19.55**
全羅南道	**497**	**24**	**473**	**19.71**
慶尚北道	665	202	463	2.29
慶尚南道	634	212	422	1.99
済州道	163	87	76	0.87
合計	13,398	5,715	7,683	1.34

（出所）統計庁『2000人口住宅総調査報告書』（第1巻全国版3-1）より作成。

図表4-3　年齢階層別在留日本人の人数

年齢階層	全体	男性	女性	男女比
0歳	52	28	24	0.86
1 ～ 4歳	369	188	181	0.96
5 ～ 9歳	417	210	207	0.99
10～14歳	268	125	143	1.14
15～19歳	545	248	297	1.20
20～24歳	755	338	417	1.23
25～29歳	**1,435**	**460**	**975**	**2.12**
30～34歳	**2,484**	**602**	**1,882**	**3.13**
35～39歳	**2,512**	**654**	**1,858**	**2.84**
40～44歳	1,282	608	674	1.11
45～49歳	676	473	203	0.43
50～54歳	787	627	160	0.26
55～59歳	507	415	92	0.22
60～64歳	390	297	93	0.31
65～69歳	163	113	50	0.44
70～74歳	98	62	36	0.58
75歳以上	129	44	85	1.93
不明	529	223	306	1.37
合計	13,398	5,715	7,683	1.34

（出所）統計庁『2000人口住宅総調査報告書』（第1巻全国版3-1）より作成。

道関係者」、5「政府関係者」はいずれも男性が多数を占める。3「自由業関係者」は男女とも増減があり一概にはいえず、4「留学生・研究者・教師」は男性のほうが多かったが、2002年からは女性が男性を上回っている。女性の多さが際立つのは6「その他」である。一貫して女性が多く1992年からは1桁違う。6「その他」は1～5に属さない者であり、例にあげられたような職業だが、例にあるa～gの職業に従事する日本人女性が韓国に多数いるとは考えにくい。おそらく6「その他」の女性の多くは、h「外国人妻」にあてはまる韓日祝福の女性たちが多数を占めるのではないかと推察される。

もちろん韓国の国勢調査や「海外在留邦人数調査統計」には統一教会とは無関係の日本人が含まれる。しかし統計に表れた在韓日本人女性の際立った多さは、韓国人男性の妻として暮らす統一教会の日本人女性が相当数いることを表しているとみられる。

在韓日本人の人数については2005年の『産経新聞』(9月9日)にも「在韓日本人、10年で倍増　半数統一教会関係者か」という記事が掲載された。倍増の背景は関係筋によれば、「統一教会の集団結婚で韓国にきた日本女性とその子供の急増」にあるという。記事からも在韓日本人女性の相当数が統一教会の信者であることがわかる。

同伴家族除く）

4　留学生・研究者・教師		5　政府関係者		6　その他		7　計	
男	女	男	女	男	女	男	女
400	260	95	5	108	280	2,087	583
756	227	101	8	131	665	2,506	940
909	293	104	7	143	701	2,771	1,039
921	364	117	7	184	930	2,905	1,353
809	415	130	11	286	1,251	2,718	1,711
1,092	442	125	14	334	2,330	2,993	2,845
991	432	119	16	434	2,418	2,982	2,908
1,018	473	114	18	528	2,610	3,423	3,153
888	547	118	12	675	4,766	3,733	5,389
969	657	108	15	721	5,343	4,040	6,090
864	695	112	12	481	5,902	3,281	6,670
813	804	116	11	484	6,511	3,207	7,397
932	871	121	14	679	6,961	3,677	7,945
1,043	1,043	124	18	388	6,796	3,553	7,967
1,080	1,130	122	17	428	7,623	3,668	8,896
1,119	1,226	118	22	608	7,885	3,997	9,276
1,177	1,347	119	20	704	8,101	4,219	9,613
1,252	1,626	116	23	842	8,435	4,676	10,275
1,299	1,713	116	27	709	7,199	4,642	9,613
1,267	1,655	118	24	579	6,388	4,865	10,275

ひな鑑別師、大工、庭師、漁夫、ファッションモデル、その他の特殊技能者、b工員、ホテル
政府職員（技術協力のため政府より派遣されている者は5に分類）、e民間団体職員（経済関係
の他上記のいずれの分類にも属さない者又は分類不能もしくは不明の者。

版より作成。

図表4-4　韓国在留日本人の職業別長期滞在者数（届け出の本人のみ、

調査年	1　民間企業関係者		2　報道関係者		3　自由業関係者	
	男	女	男	女	男	女
1988	1,428	5	25	0	31	33
1989	1,483	7	26	1	9	32
1990	1,580	4	25	0	10	34
1991	1,650	15	27	0	6	37
1992	1,451	1	29	1	13	32
1993	1,398	19	28	0	16	40
1994	1,391	8	29	0	18	34
1995	1,723	10	28	0	12	42
1996	2,003	23	31	0	18	41
1997	2,190	31	34	0	18	44
1998	1,769	16	35	1	20	44
1999	1,708	24	40	0	46	47
2000	1,854	55	31	0	60	44
2001	1,831	55	40	0	127	55
2002	1,936	82	41	0	61	44
2003	2,061	95	38	1	53	47
2004	2,136	98	38	3	45	44
2005	2,376	135	40	4	50	52
2006	2,425	109	37	5	56	48
2007	2,750	113	45	4	106	56

「その他」は、1～5に属さない者。たとえば、a理髪師、美容師、看護婦、はり・灸師、コック、
ボーイ、ハウスメイド、給仕、掃除婦、その他の単純労働者、c派米・派欧農業研修生、d外国
団体職員は1に分類)、f自家営業（貿易、商業、製造、独立営業者)、g無職、h外国人妻、iそ
(筆者注)『看護婦』など現在では使われない表記の仕方があるが、原典のまま引用
(出所) 外務大臣官房領事移住部政策課編『海外在留邦人数調査統計』平成元年版～平成20年

3 統一教会における結婚

人類始祖の堕落と血統転換

多くの日本人女性信者がなぜ教団が決めた見ず知らずの韓国人男性と結婚し、言葉も生活習慣も違う韓国に渡り、家庭を築くことができるのだろうか。まずは統一教会における結婚である「祝福」について説明が必要だろう。

統一教会の教義は『原理講論』に基づく。これは聖書を独自に解釈したものである。人類始祖をアダム、エバとする点はキリスト教と変わりないが、神が食べることを禁じた「善悪を知る木の実」をエバが蛇（サタンの隠喩）にそそのかされて食べたという聖書の記述を、統一教会ではエバが蛇と性的関係をもったと解釈する。自分の行いに怖くなったエバはアダムを誘って関係をもち、夫婦になった。これにより人類はサタンの血統を受け継ぎ、この世はサタンが支配する世になったと統一教会は説く（『原理講論』92〜111頁）。人間が憎しみ、妬みなどの気持ちをもったり、戦争があるのは、人類がサタンの血統を受け継いだためと教える。

エバが蛇に誘惑されて関係をもったことが人類堕落の原因とされることから、恋愛結婚は否定される。恋愛結婚（自由結婚）について「自由といえば響きがよいものですが、一皮むけば、自己中心の欲望と野放図な男女の愛による勝手気ままな結婚といっても過言ではありません」（『祝福の意義と価値』世界基督教統一神霊協会、1990年、5頁）と言い切る。信者の結婚相手を教団が選ぶのはこのためである。文鮮明の存命中は文鮮明が男女の7代前の先祖まで遡って相性を判断したという。

統一教会が目指すことはサタンが支配するこの世に神の支配を回復することである。それにはサタンの血統をもった人類が神の血統へと「血統転換」する必要があり、「祝福の意義の中心も血統転換にある」という（前掲書、92頁）。統一教会で結婚することにより、男女はサタンの血統から神の血統へ血統転換した夫婦になり、生まれる子どもは神の血統をもった無原罪の「神の子」とされる。

「神の子」が子々孫々増えていくに従い、サタンの血統をもつ人間は減ってゆき、やがてこの世に神の支配が回復するという。理想世界「地上天国」の実現である。「地上天国」は国・民族・宗教が垣根を越えてひとつになった争いがない平和な世界とされる。このような教えのもと統一教会において結婚は不可欠であり、未婚の若者が信者になれば結婚しないという選択肢はない。

韓日祝福

理想世界「地上天国」が国・民族・宗教が垣根を越えて一つになった世界とされることから国際結婚に価値がおかれる。「全世界の民族と人種が一つになる、一番の近道は国際結婚です。違った人種の男女が夫婦となって、愛の関係を築いて一つになるときに、世界ははじめて一つになります」、「国際結婚で成し遂げられた家庭は、どんな家庭より偉大な家庭です」(『祝福の意義と価値』121〜123頁)と教える。

国際結婚の中でも特に不幸な歴史的関係にあった国や民族同士ほど理想的とされる。「特に、歴史的に怨讐の関係にあった民族、国家、人種や文化圏であるほどに理想的相対なのです。なぜなら、その二人が夫婦の愛の関係を結ぶことによって、一気に怨讐圏を超えていくことができるからです」と説く(前掲書、122〜123頁)。日本と韓国には36年間におよぶ植民地支配の歴史的関係がある。この点から韓日(日韓)カップルは最も理想的な夫婦とされる。

さらに文鮮明が韓国人であることから韓国人男性は「再臨のメシヤの国の男性」として特別視される。筆者が在韓日本人女性信者に聞き取り調査をしたとき「できれば韓国の人と結婚したいと思った。メシヤの国がいいなと思った」とマッチング前の心境を語ってくれた女性がいた。「祝福」に臨む日本人女性にとって韓国人男性はあこがれの的なのである。

4　韓日祝福の背景

農村男性の結婚難

韓国人男性と日本人女性のカップリングが韓日祝福として多数生み出されてきた背景には、韓国における男性の結婚難という現実的な問題があった。特に農村男性の結婚難が１９８０年代から社会問題化した。当時の『朝鮮日報』（１９８１年8月16日）には「農村独身男性の求婚難――農村人口の過疎化がもたらす農業の将来」という社説が載り、『東亜日報』（１９８９年5月13日）には「〝農村独身男性　結婚しましょう〟忠清地方　仲立ち運動」という記事が見られる。『東亜日報』の記事内容は農村運動専門家と自治体が農村独身男性の結婚運動に積極的に乗り出して関心を集めているというものだが、記事は次のような書き出しで始まる。「農村の独身男性の結婚が難しいという事実は昨今の問題ではない。最近では困難の程度を超えて不可能に近づくと農村の独身男性たちが相次いで自殺したり、反体制運動に乗り出すなど深刻な社会問題へと飛び火する恐れもある」。記事によれば「80年代に入って全国で結婚できず悲観自殺した農村青年は300人余りにのぼる」という。

もともと儒教の教えが家族倫理・生活倫理として根付く韓国では、父系血統の永続を願う伝統的価値観がある。「韓国においても結婚の目的は子供をもうけることにあり特に家を継承する息子を産むのである」（李光奎、1973年、21頁）とされ、特に祖先祭祀を継承する子孫（男子）を生むことが重要視されてきた。未婚で死ぬと男性は「モンダル鬼神」、女性は「処女鬼神」になり、この世に恨みを残していることから災いをもたらすという言い伝えもある。それだけ韓国は「結婚はしなければならないもの」という規範が強い社会といえる。

最近発表された韓国統計庁「2022社会調査」の結果によれば、結婚すべきと考える人の割合は50・0％だった。しかし結婚しない理由は雇用の不安定さや経済的問題からであり、必ずしも積極的理由から非婚を選んでいるわけではなさそうである。

統一教会による結婚勧誘

1980年代から社会問題化した農村男性の結婚難と1988年からの韓日祝福の本格化はほぼ軌を一にする。統一教会が農村男性の結婚難に着目し、韓日祝福を本格化させたとみることもできる。図表4-5は筆者が2001年に韓国の農村部で目にした貼り紙である。

図表4-5　結婚相談の貼り紙（筆者翻訳）

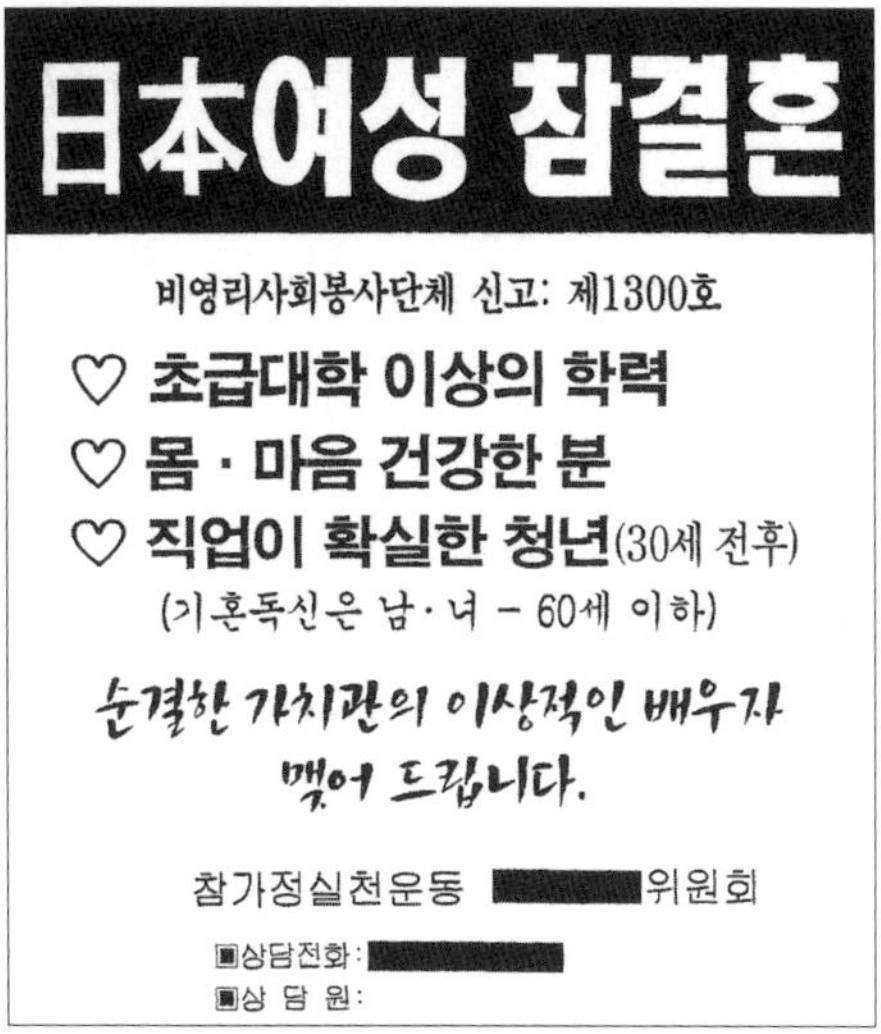

日本여성 참결혼

비영리사회봉사단체 신고: 제1300호

♡ 초급대학 이상의 학력

♡ 몸 · 마음 건강한 분

♡ 직업이 확실한 청년(30세 전후)

(기혼독신은 남·녀 – 60세 이하)

순결한 가치관의 이상적인 배우자
맺어 드립니다.

참가정실천운동 위원회

▣상담전화:

▣상 담 원:

日本女性　真の結婚

非営利社会奉仕団体届：第 1300 号

▽短期大学以上の学歴

▽身体・心の健康な方

▽職業がたしかな青年(30 歳前後)

(既婚独身は男・女—60 歳以下)

純潔な価値観の理想的な配偶者
結んでさしあげます。

真の家庭実践運動　○○委員会

■相談電話：

■相談員：

（出所）櫻井義秀・中西尋子『統一教会——日本宣教の戦略と韓日祝福』北海道大学出版会、2010年。

「日本女性　真の結婚」という見出しには統一教会が日本人女性と韓国人男性の結婚を推し進めようとした明確な意図が読み取れる。貼り紙には「統一教」（韓国での通称）と明記されていないが、「真の家庭実践運動○○委員会」（○○は地名）の「真の家庭実践運動」は統一教会が行っている運動である。統一教会が結婚相手の紹介を行っていることは韓国ではよく知られたことであり、貼り紙を目にした人は統一教会によるものと認識する。結婚相手になかなか恵まれない独身男性やその親がこのような貼り紙を見て統一教会に通うようになる。しかし結婚が目的のため信仰はないか、あっても「にわか信者」である場合が少なくない。筆者が韓国農村部で調査をしたとき、次のように語っている日本人女性信者がいた。彼女たち自身が韓国農村部の嫁不足を認識し、自分たちがそこに嫁がされてきたことを自覚している。

ここでは結婚を目的として伝道している。「国際結婚をしませんか」で伝道。「日本人女性と結婚をしませんか」で。ここにいても（男性は）結婚できないし、女性も残っていない。主体者（夫のこと）の家は誰ひとり教会の人（統一教会信者）はいない。教会にはシオモニ（義母）が息子の結婚のために入った。息子は30を超えているのに結婚しないし、付き合っている女性がいるようでもない。このままいくと息子は結婚できないかもしれないと心配して教会に通った。今は、シオモニは息子が結婚できたことに満足して自分の役目は終わったと教会には来ていない。

韓国における統一教会のあり方は日本と異なる。日本では宗教であることを秘匿した勧誘、霊感商法との関わり、高額献金などいくつもの問題が指摘されているが、韓国ではこれらの問題がない。韓国のクリスチャンは統一教会を「異端」、「似而非宗教」（似而非は「偽」「いんちき」の意）として嫌っているが、韓国人一般は統一教会をいくつもある新宗教のひとつ、もしくは多様な事業・団体を展開している小財閥の宗教部門といった程度の認識である。韓国で問題になっている教団は統一教会よりも「摂理」（キリスト教福音宣教会）や「新天地」である。

韓国では統一教会が日本のように社会問題化していないために、結婚相手に恵まれない男性やその家族が統一教会で相手を紹介してもらうことに対して抵抗が弱い。また農村部の人々も韓国人男性の妻として暮らす日本人女性は統一教会信者だと認識しているが、日本人妻たちを色眼鏡で見ることはない。むしろ「こんな田舎に嫁いできて、よくやっている」と評価する。

日本でも韓国と同様に地方の農村では嫁不足の問題はあり、中国や東南アジアの女性と結婚する農村男性はいる。しかし統一教会から相手を紹介してもらおうという話にはならない。韓日祝福は農村男性の結婚難という現実的かつ切実な問題を背景に、韓国では日本のような統一教会問題がないために可能となった統一教会の布教戦略といえる。

5 社会変革運動としての結婚

韓日祝福の本質

では日本人女性信者たちは韓日祝福をどのように受け入れたのか。恋愛感情もないまま、見ず知らずの韓国人男性と結婚し、言葉も生活習慣も違う韓国で家庭を築くのである。韓日祝福の意義や必要性を納得していなければ、それは難しいはずである。

まず指摘できることは韓日祝福が「地上天国」実現のための社会変革運動ということである。このように捉えるほうが韓日祝福を理解しやすい。

日本人女性たちの韓国での暮らしは日本での独身時代とは大きく異なる。日本では信仰を周囲に隠し、親に知れたら反対され、場合によっては家出、下宿を引き払うなどして「ホーム」で共同生活をする。信者としての活動は上から指示されるままに布教・経済活動に従事することがすべてだった。街頭での勧誘活動、マイクロ（「マイクロ部隊」の略。信者5〜6名がリーダーの運転するワンボックスカーに乗って各地を回り、珍味などを訪問販売する活動）や店舗での物品販売などであり、ノルマの重圧に耐えながらの活動だった。

渡韓後の暮らしは「祝福家庭」を形成し、子どもを生み育てることが第一であり、韓国での暮らしそのものが信仰実践となる。日本で行ってきたような布教・経済活動からは解放され、信仰生活は一般のクリスチャンが日曜日の礼拝に出席するように統一教会の礼拝に参加するくらいである。表面的には日本にいたときより楽な信仰生活だが、通常の結婚とは異なるため当然苦労は多い。筆者が話を聞いた日本人女性信者たちには、夫に毎月一定の収入があるという人は少なく、日雇いだったり、雨が降ったら仕事がないというような職種の夫もいた。韓日祝福家庭の場合、夫の仕事は安定せず、経済的に楽でない家庭のほうが多いという印象をもった。

それにもかかわらず結婚生活を続けていけるのは、韓日祝福が本質的には結婚というより社会変革運動だからである。「地上天国」の担い手となる「神の子」を生み育てることが何より重要な実践であり、結婚はそのためにある。信仰がない夫は同志にならないが、「神の子」を生むためには必要である。

祝福は結婚なんだけど、真のお父様の新婦の立場となること。相手の男性というのは、お父様の身体。お父様から種をもらって、女性の身体から子どもを生む。子どもは神の子。

この語りからわかるように韓日祝福の日本人女性たちは教説的にはみな文鮮明の花嫁である。夫は文鮮明の身代わりであり、種をもらうために必要なだけであり、恋愛感情がなくてもかまわない。このように考えるとなぜ韓日祝福の女性たちが好きでもない男性と結婚し、韓国で家庭を築き、暮らしていけるのかに説明がつく。韓日祝福は表面的には韓国人男性との国際結婚だが、本質的にはこの世に神の支配を回復するための社会変革運動である。日本人女性信者が経験する韓国での苦労も社会変革運動に伴う苦労となり、乗り越えられるものとなる。人は意味のない苦労には耐えられないが、意味ある苦労には耐えられるものである。

ささやかな「地上天国」と自己実現

統一教会が目指す「地上天国」の実現は現実的には難しい。国・民族・宗教が一つになることは夢物語である。では韓日祝福の女性たちは手の届かない夢物語を追い求めているのかということになるのだが、必ずしもそうとはいえない。家庭がささやかな「地上天国」になりうるからである。

日本人女性たちは韓国人男性と結婚した。植民地支配をされた側と支配した側の男女の結婚であり、この点で日韓の壁を越える。統一教会用語では「怨讐圏を超え」る。生まれた子どもは生まれながらに国境を越えている。「地上天国」の実現は夢物語だとしても夫婦仲良く暮らせば家庭の中はささやかな「地上天国」になる。また出産、育児は「地上天国」の担い手である「神の子」を生み育てることになる。一見、平凡な家庭生活であってもそれが崇高な宗教実践となる。次のように語っている女性がいた。

祝福は日韓の関係。（政府レベルでは）韓国は謝罪しろといい、日本は過ぎたことだという。それでは接点がない。真の愛で（日韓が）一つになるしかない。生まれた子どもには国境がない。すばらしいことだと思う。

（入信前に）疑問に思っていたこと、この先どう生きていこうか、満たされることがなかった。ここでいわれていることは理想的だなと思った。実現されたらすばらしい。希望、理想があって（目指して）到達するものがあるから、力がわく。その一部を実践している。子どもを育てていくことが理想。普通に結婚して育てているけど、普通のことだけど、変わりないけど、心情的には違う。…（そうでなければ）誰がこんなとこ（ところに）来て生活するか。

この女性は広島出身であり、入信した当時、企業（東証上場）に勤めていた。父や父方の祖父母は被爆者であることから世界平和のために何かできないかという思いを強くもっていた。そこで出会ったのが統一教会であり、彼女は統一教会の教えや実践に世界平和への手立てを見出したといえる。同時に「この先どう生きていこうか、満たされることがなかった」という思いを抱いていた彼女にとって韓日祝福と韓国での暮らしは自己実現になったといえる。

韓日祝福で渡韓した日本人女性信者みながこの女性と同じような思いをもっていたとはいえないが、統一教会に入信する若者はおよそ世界平和への貢献や人生の目的についてまじめに考えるような若者である。日本の統一教会を調査した先行研究（「U会」となっており、統一教会とは明記されていない）は統一教会の会員のイメージとして次のように指摘している。「一様にきまじめで誠実感にあふれている」、「地味で、ときにはくすんだ印象を与える場合もあるけれども、疑うことを知らない素直な心情の持主」（塩谷、１９８６年、１５９〜１６０頁）。

この点は筆者が話を聞いた日本人女性信者たちにもあてはまる。彼女たちの多くは１９６０年代生まれであり、およそバブル経済の時代に20代を送り、その頃に統一教会に出会っている。当時おそらく彼女たちはバブル経済の時代の雰囲気に居心地の悪さを感じたのではないだろうか。少なくともその時代を謳歌するような女性たちではなかった。

入信前について筆者に次のように語ってくれた女性がいたが、語りからは生きる意味を模索していた様子がうかがえる。

死んだら、心は、思いはどこに行くのか。何のために生まれ、死ぬのか。この世で肉身をもって生きる意味とは。昔からずっと思っていた。人に言ったら「あんたはバカだ、何でそんなことを考えるのか疑問だ」(といわれた)。

在韓の日本人女性信者たちは、バブル経済の時代、生きる意味を求め、世界の平和のために何かできないかと考えるような女性たちだった。彼女たちは統一教会の「地上天国」実現に貢献することに自己実現の糸口を見出した。だからこそ統一教会に入信し、韓日祝福を受け入れたと考えられる(中西、2004年、62〜65頁)。

6 統一教会にとっての韓日祝福の女性たち

アダム国家とエバ国家

在韓日本人女性信者にとって、韓国での生活が自己実現の欲求を満たすものだったとしても、結局のところ統一教会の教えと実践に絡めとられている状態とみることができる。

統一教会は日本を「エバ国家」、韓国を「アダム国家」と位置づける。エバ国家とされる根拠は日本による植民地支配にある。文鮮明はエバ国家について次のように述べる。「エバ国家とはどのような国でなければならないかというと、必ず侵略国でなければなりません」。このためイギリスは「世界の代表的な侵略国」としてエバ国家とされるが、「日本は、アジアにおいて侵略国」だからである（『神様の摂理と日本』世界基督教統一神霊協会、２００４年、76〜77頁）。統一教会にとって朝鮮半島を植民地支配した日本は人類堕落の原因をつくったエバと同じであり、徹底して日本はアダム国家の韓国に尽くさなければならないと教える。文鮮明の言葉を集めた『神様の摂理と日本』から一部を拾い出す。

「日本が経済富国になったのは、エバのためではなくアダムのためです。ですから、そっくりそのままアダムに捧げなければなりません」（16頁）

「日本を祝福したのは、日本のためではありません。世界のためであり、統一教会と韓国のためです。韓国統一のためにその祝福を使わなければ、日本は滅びます」（33頁）

「日本の家庭部長が来たので話をしました。彼に、日本が生きる道は何かということに対して話しました。…『韓国のために宣教献金を出しなさい。それから、韓国のために死になさい。そして、韓国を自分の国よりも愛しなさい。そのようにしてこそ、日本が生きる道が生じるようになる。これが復帰だ。これが日本の行くべき道だ』と言ったのです」（53〜54頁）

「夫を助けなければならないのがエバ国家の使命です」（104頁）

在韓の日本人女性信者はこのような教えを内面化している。彼女たちはエバ国家日本の女性という点でアダム国家の韓国と夫に二重に従属させられる。

「蕩減」としての韓国での暮らし

エバ国家日本の女性としての彼女たちの韓国での暮らしは、そのまま植民地支配に対する

「蕩減」の道となる。蕩減は統一教会用語のように見えるが、韓国では一般にも使用される語句であり、「税金、料金、借金などを帳消しにすること、免除すること」の意味で用いられる。統一教会では「贖罪」を意味する。日常的には夫や義父母に尽くすことが蕩減になり、苦労することも蕩減になる。

韓日祝福の女性たちには苦労が多い。言葉や生活習慣の違う韓国に嫁いだことによる苦労だけでなく、夫の仕事が安定せず、生活が苦しいなどの経済的な問題、人によっては夫に飲酒癖や家庭内暴力などの問題があったりもする。この点について統一教会は次のように説く。

「主体者が今のような事情を抱えるようになった背景をまず知らなければなりません。お酒を飲む、殴ってしまう、教会に来ない、あるいはいろんな人間性のひずみを持っていたりする場合に、なぜそうなったのかという事実を知らなければなりません。30～40代の私たちの主体者は、食べられなかった、本当に難しい時期を通過してきているのです。…そういう中から胸に溜まった恨(ハン)を持っている主体者なのです。だから、そういう主体者たちを前にする時には、皆さんは本当に痛みを感じなければなりません。酒を飲むようになってしまった背景にも、私の国と私の先祖が関与しているということを、はっきりと知らなければならないのです」(『しあわせいっぱいになる本郷女性講座』『本郷人』編集部、２００８年、

158〜159頁）

これは在韓日本人女性向けに刊行された『しあわせいっぱいになる本郷女性講座』の第4章「韓日祝福にみる本郷女性の歩む道」の「夫の欠点は韓国の歴史背景から理解」という節からの引用である。「主体者」は統一教会用語で夫のことだが、夫の問題は日本による植民地支配に原因があると教える。同書の『日本人』として常に謙虚さを忘れない」という節には次のようにある。

「私たちは、頭を下げて、謙虚な気持ちで、一生涯にわたって私たちの先祖が犯した数え切れない罪を償っていかなければならない立場であると思います。だから、礼拝が終わった時にも、さっさと出ていってしまってはいけません。年老いた方たちが出ていかれる時、一人ひとり安否をうかがいながら挨拶するべきなのです」（前掲書、2008年、149頁）

日曜日の礼拝が終わり礼拝堂から出ていくとき、高齢の韓国人信者を気遣い、周囲の韓国人に対しても尽くすよう教える。日本人女性たちは生涯にわたって贖罪の日々を送ることが求められる。妻のいる前で夫が友達に妻の悪口をいうという女性は次のように語っていたが、贖罪の意識は明確である。

「こんな嫁と結婚しちゃいけない」と。友達の前でも言う。…むかつくが、日本が犯してきた罪、先祖が韓国人に言ってきたのかなーと、罪滅ぼしで来ているんだろうな、と思って（我慢している）。

韓日祝福の女性たちが経験する苦労の原因は、何より統一教会の特異な結婚にある。しかし統一教会の教えを内面化した彼女たちはそこに意識が向かわない。日本が韓国を植民地支配し、民族の尊厳を奪ったのだから韓国に嫁いできて苦労するのは当たり前という思考回路ができている。苦労すればするほど蕩減になるとされ、苦労を甘んじて受け入れる生活態度が形成される。それは統一教会も認めるところである。

「蕩減時代は、どうしても『苦労すること』＝『信仰』＝『美徳』という価値観がありました。不幸な状態をも甘受することが必要でしたし、実際、努力しても、なかなか現状を変えていくことができないという現実もありました」（前掲書、１０６頁）

この引用箇所の前には「そろそろ『不幸体質』から『幸せ体質』への転換をはかる時を迎えています」（106頁）と述べられているが、そもそも苦労の原因は特異な結婚にあるのだから、女性たちが統一教会の教えに疑問をもたない限り「不幸体質」からの脱却は難しいのではないだろうか。

統一教会は一所懸命にやればやるほど自分のクビを締めて苦しくなる宗教ですよね。こんないい人がいるし、すばらしい人がいるのに、何でこんなに苦労しなくちゃいけないのかというのがいつも私の頭にあった。

これはある元信者が筆者に語ってくれた言葉である。脱会したからこそ、統一教会の信仰を客観視し、このように語ることができたといえる。

「特別な使命を持った天の精鋭部隊」としての女性たち

先に韓日祝福は社会変革運動と指摘した。この点は統一教会が韓日祝福の女性たちを「特別な使命を持った天の精鋭部隊」（国際家庭特別巡回師室、1996年、245頁）と位置づけていることからもいえる。

この位置づけは『本郷人の行く道――韓日祝福家庭教育資料』に記されている。本書は韓日祝福を経て韓国に暮らし始めた日本人女性たちが多数出始め、彼女たちに韓国暮らしの指針を示すために作成されたガイドブックのようなものである。教団幹部による「まえがき」には次のように書かれている。

皆さん方は、1919年に独立運動のために命を捧げた柳寛順と同じように、命を捧げて神の独立世界をつくるため、…来たのです。今までの宗教は〝死んで天国に行く〟ということを教えてきたので、結婚して子供を産んでも死んだら終わりですが、私たちは地上で家庭を完成し天国をつくる、生きながらにして創世記1章28節を全うするのだ、というのです。この革命中の革命である教理を示すためにやって来ました。(前掲書、10頁)

創世記1章28節は「産めよ、増えよ、地に満ちて地を従わせよ。海の魚、空の鳥、地の上を這う生き物をすべて支配せよ」と記されている聖書の箇所である。この幹部は、韓日祝福の女性たちに対し「地上天国」の実現という使命を担い、韓国に嫁いできたのだということを強調している。

また本書には、1988年10月30日に行われた合同結婚式で結婚した韓日祝福の女性たちを前に文鮮明が日本語で講演した内容が掲載されている。そこには次のような箇所がある。

さあ、君たちは今から兵隊です。（笑い）兵隊。徴兵されてゆく兵隊の運命だ。自分の運命ではありません。公的運命です。（前掲書、12頁）

この講演は1988年11月7日に行われたものであり、同年10月30日の合同結婚式から1週間しか経っていない。講演内容を読むと必ずしも理路整然としたものとはいえないが、まとまった数の韓日祝福が最初に出た直後に文鮮明が語ったものである。韓日祝福が本格化した最初から文鮮明が日本人女性信者をどのように捉えていたかがわかる。

同書には1990年から1995年にかけて教団幹部が韓日祝福の女性たちを前にした集会で語った内容をまとめた記録があるが、その中にも次のような言葉がある。

韓国の既成教徒と会って話す時に、…「創世記1章28節、地上天国を創るために私たちは韓国に来て苦労しています」と言うのです。分かりましたか。皆さんは徹底的に分からなければなりません。（前掲書、83頁）

これは韓国のキリスト教徒に「なぜ韓国人と結婚したのか」「なぜ韓国で活動するのか」と聞かれたらこのように説明しなさいとの指示である。創世記1章28節の実践のために韓国に来たという点は先の引用と同じだが、そのために「韓国に来て苦労しています」と説明させるわけである。韓日祝福は当初から日本人女性信者の個々のしあわせを目的としたものではないことがうかがえる。韓日祝福の女性たちは文鮮明の花嫁として、統一教会が掲げる理想世界「地上天国」実現のために人生まるごと統一教会に捧げている。

7 信仰を失っても韓国に留まる元信者

留まる理由

揺るがぬ信仰をもつ信者がいる一方で、韓国で暮らすうちに信仰に疑問をもち脱会する信者がいる。脱会に至るきっかけは人それぞれ異なるが、およそいえることは韓国と日本での信仰のあり方の違いからである。日本では信者はマイホームをもつことはもちろん、子どもを塾や習い事に通わせることも制限し、生活費を切り詰めてでも献金を捧げるように教えられてきた。

ところが韓国の韓国人信者はマイホームをもち、子どもを習い事に通わせる。韓国はメシヤである文鮮明の国だから、韓国人は選民だからという理屈でひとまず納得するが、暮らし続けるうちに疑問が膨らんでいく。「韓国の『原理講論』と日本の『原理講論』はひょっとして違うんじゃないだろうか」、「あまりにも（統一教会の教えで）いってることと（韓国人信者の）やってることが違う」（在韓の日本人女性元信者）と感じることが積み重なっていく。そしてインターネットの発達が後押しした。脱会者のブログを見つけ、疑問が確信へと変わるのである。

脱会者がどのくらいの人数にのぼるかは不明である。正式な脱会手続きはとらず、礼拝に行かなくなり、現役信者と接触を避けて統一教会から離れるという形の脱会のため、教団も脱会者の人数を把握していない。統一教会としては脱会者を「礼拝に出てこなくなっただけでいずれまた戻ってくる」と曖昧にしておくほうが信者に動揺を与えないですむ。山崎浩子でさえ「いずれ戻ってくる」と筆者に語る信者もいた。

韓国で築いた家庭は信仰を土台にしている。信仰あってこそ教団が決めた相手と結婚し、苦労にも耐えてこられた。信仰を失えばすべて偽りだったということになる。夫と離婚して子どもを連れて帰国する人はいるが、離婚せずにそのまま韓国に留まる人もいる。

これまで複数の在韓日本人女性の元信者に話を聞いたところによれば、韓国に留まる理由として次のような点が指摘できる。①親きょうだいと縁を切られ、帰国しても頼れる人がいない、

②離婚して子どもを連れて帰国しても日本での職歴がないため就職して生活していく自信がない、③日本で生まれ育った家庭を壊してきたので韓国で築いた家庭まで壊すわけにはいかない、④自分自身は夫に愛情はないが、子どもには父親が必要、⑤子どもが韓国人として育っているなどである。このほかやや特殊な事情としては、⑥韓国人の夫に信仰があり、離婚を認めてくれない、⑦日本の親が信者であり、信仰を失って帰国しても受け容れてもらえない、というような場合もある。

このような諸事情から韓国に留まる元信者がいるのだが、前提として夫に特に問題がないか、あっても許容範囲でなければならない。暴力やアルコール依存などの問題がなく、稼ぎは少なくともまじめに働いて稼ぐ意欲が夫にあり、愛情がなくとも家庭生活を維持できる状況である（中西、2014年、63～64頁）。

夫に問題がある場合、信仰を失えば韓国での暮らしを続けることは困難である。場合によっては春川で起こったような悲劇を引き起こしかねない。

春川事件

2012年8月21日、韓国の『中央日報』（日本語版サイト）は次のような見出しで事件を報じた。「生活苦のため…日本人妻が韓国人夫を殺害＝韓国・江原道」（https://japanese.joins.com/

JArticle/157931)。日本人妻A（52歳）が韓国人の夫P（51歳）の口をタオルで塞ぎ、窒息させて殺害したという事件であり、記事は「Aは95年、ある宗教団体の斡旋でPと国際結婚し、韓国で暮らし始めた」と伝えるだけだが、Aは韓日祝福の女性だった。子どもはいなかった。

記事によれば、Pは結婚当時から無職であり、毎月30万ウォン（当時、約2万1000円）程度の基礎生活受給費（生活保護）で生計を維持してきた。夫に腎不全の症状が表れてからは治療に月70万ウォンほどかかったが、Pは酒ばかり飲み、暴れて家具をつぶすことが多かった。警察でAは「これ以上の治療費に耐えられず、自分も生きていくのが苦しくてした」と供述したという。

2013年1月29日の聯合ニュースによれば、裁判でAには懲役9年が言い渡された。2012年の時点でAは52歳。刑期を終えると60歳を過ぎる。『中央日報』や聯合ニュースの記事には、Aがまだ信仰を続けていたのかどうかは書かれていないが、信仰ゆえに結婚し、このような結末を迎えたと思うと、Aさんの人生は何だったのだろうかとやり切れなさだけが残る。

8 日韓関係の負の歴史

事件の影響

安倍元首相の銃撃事件は韓国の日刊紙『東亜日報』や『朝鮮日報』でも報じられた。2022年7月11日の『東亜日報』では3面に「銃撃犯〝母が宗教に夢中になって破産…安倍が広めた　信じ〟という見出しで報じられ、容疑者の自宅前に集まる取材陣や容疑者のものと思われる車両の写真まで掲載された。記事では容疑者の母親が統一教会の信者だったと言及されている。同日の統一教会系日刊紙『世界日報』でも報じられたが、統一教会への言及はなかった。「〝特定の団体に恨みがあり、安倍元総理がその団体とつながっていると信じた〟と犯行動機を陳述した」と容疑者について伝えるだけである。

2022年8月18日には事件後の日本のマスコミによる統一教会報道に対し、在韓日本人信者たち4000人（教団発表）がソウル中心部で抗議集会を行った。日本ではマスコミ各社がこれを取り上げ報道したが、韓国では特に報じられなかった。在韓の元信者によれば、デモが行われた場所はソウル中心部の光化門の広場や市庁前であり、いずれもソウル市が集会を許可している場所である。しばしば何らかのデモが行われており、ソウル市民にしてみれば「また何かのデモをやっている」という程度の認識だったようである。

銃撃事件後、日本では高額献金、霊感商法、２世信者、養子縁組など統一教会をめぐる問題が次々と明らかになった。韓国では事件を伝える報道はあったものの、日本での報道のような広がりはなく、在韓の元信者によれば、事件後に在韓日本人の現役信者に動揺が広がるということはなかったようである。在韓日本人信者の抗議集会にしても、おそらく統一教会本部からの動員に一部の信者が応じただけと思われる。抗議集会があった頃、京畿道の一地方の統一教会に日本のマスコミが取材に行ったが、拒否はなく、教会長が取材に応じたようである。筆者は在韓日本人女性の元信者からそのように伝え聞いている。

日本における統一教会問題の背景

日本において統一教会問題というとカルト問題であり、銃撃事件前から宗教であることを秘匿した勧誘、霊感商法や合同結婚式が問題視されてきた。しかし、忘れてはならないのは統一教会問題の背景には日韓関係の負の歴史が横たわっている点である。日本による朝鮮半島の植民地支配がなかったならば、日本がエバ国家になる根拠はなく、日本が韓国に贖罪しなければならないという教説も成り立たない。逆にいえば、日韓の歴史的関係が背景にあるからこそ日本は韓国に贖罪しなければならないという教説が説得力をもち、統一教会が日本で教勢を拡大できたといえる。

筆者の記憶では、中学校や高校の日本史の授業で日韓併合は学んだが、朝鮮半島の植民地支配についてはあまり詳しくは学ばなかったように思う。筆者がこれまでに話を聞いた信者や元信者は、統一教会に通うようになってから日韓関係の歴史を知ったという人が何人もいた。統一教会に入信する若者は元来まじめで純粋な性格である。そのため日本は朝鮮半島植民地支配の贖罪をしなければならないという統一教会の教説に納得してしまう。

統一教会の教説では、霊感商法や高額献金で財を差し出すことは日本人が韓国に贖罪するために必要なことであり、韓日祝福も贖罪のために日本人女性信者が韓国に嫁いで、夫や夫の家族に付き従い、尽くさせるためにある。日本における統一教会問題はカルト問題にとどまらず、日韓関係の歴史問題も絡んだ根深さがある。

【参考文献】
外務大臣官房領事移住部政策課編『海外在留邦人数調査統計』平成元年版~平成20年版
櫻井義秀・中西尋子『統一教会――日本宣教の戦略と韓日祝福』北海道大学出版会、2010年
塩谷政憲「宗教運動への献身をめぐる家族からの離反」森岡清美編『近現代における「家」の変質と宗教』新地書房、1986年、

１５３〜１７４頁
世界基督教統一神霊協会『祝福の意義と価値』（40日研修教材シリーズＮｏ．11）光言社、１９９０年
世界基督教統一神霊協会伝道教育局翻訳・編集『原理講論（重要度三色分け）索引付き』光言社、１９９６年
世界基督教統一神霊協会編『神様の摂理と日本』光言社、２００４年
『本郷人』編集部『しあわせいっぱいになる本郷女性講座』２００８年、『本郷人』編集部
中西尋子「『地上天国』建設のための結婚——ある新宗教教団における集団結婚式参加者への聞き取り調査から」「宗教と社会」学会『宗教と社会』２００４年、47〜69頁
中西尋子「在韓の統一教会元信者の日本人女性と韓国キリスト教会」『宗教問題』白馬社、２０１４年８月30日［夏号］、62〜71頁
武藤将巨編『本郷人の行く道——韓日祝福家庭教育資料』国際家庭特別巡回師室、１９９６年
李光奎「韓国家族の構造」中根千枝編『韓国農村の家族と祭儀』東京大学出版会、１９７３年、13〜40頁
統計庁「２０２２年 社会指標調査結果（家族、教育と訓練、健康、犯罪と安全、生活環境）」

【ウェブサイト資料】
「持病ある夫を殺害した日本人妻に懲役９年」（聯合ニュース２０１３年１月29日）https://www.yna.co.kr/view/AKR20130129158951062

第5章 統一教会の対外政界工作と日本における被害

島薗 進

1 日本における統一教会被害の特徴

日本で突出して多い人権侵害

統一教会は韓国に本部がある教団で、国外の活動では米国と日本に多くの力が注がれているが、世界各地に教団組織は広がっている。呼称については1950年代以来数十年間にわたり教団側も用いてきた「統一教会」という略称を用いることにしたい。もとは世界基督教統一神霊協会が正式名称だったが、教団本部は1994年に世界平和統一家庭連合と名称を改め、日本でも2015年にこの名称への変更が文化庁で認証されている。現在の日本の世界平和統一家庭連合のホームページを見ると、「家庭連合は、世界120ヶ国の国際家庭をサポートし3世代家庭を中心とする地域家庭運動を推進しながら「幸せな家庭づくり」を応援しています」と記されている。

世界各地に広がる統一教会による人権侵害は、日本以外での例は、ある時期までの欧米諸国を除けばほとんど知られていない。韓国では1950年代の設立初期に厳しい批判が起こったが、その後は目立つような大きなトラブルの例は報告されていない。80年代頃までの欧米諸国の人権侵害の報告も、日本での同時代のそれと比べると格段に少ない。つまり、統一教会による人権侵害は世界各地と比較して日本で突出して大きいのだ。

このように日本での被害が突出して多いのはなぜか。そもそも日本でこそ統一教会の信徒数が多いということも考慮する必要がある。データの調査公開を行っている個人のウェブサイト「統一教会の信者数」によると、2012年に文鮮明が亡くなった時点で、『中和新聞』(統一教会の内部向けメディア——島薗注)は「日本統一教会は全国に206の教会をもち、信徒数は約60万人」として」おり、2021年2月26~27日の両日、HJ天宙天寶修錬苑で「2021天地人真の父母様御聖誕及び基元節八周年記念孝情天寶特別大役事」が開かれた時「教会員全員参加のお達しがあった」が、この時の参加者数は「韓国約1万3000名、日本約3万3000名、国際約3500名」ということで、「97ヶ国8万名がオンライン参加した」とのことである。

収奪を正当化する「万物復帰」の教え

全国霊感商法対策弁護士連絡会（全国弁連）では、1987年以来、届け出をされてきた日本での統一教会による霊感商法や不当な献金要求などによる被害件数と被害総額をまとめている。2021年末までの段階で、被害件数は3万4537件、被害総額は1237億円を上回る額に上っている。

平均すると、各年、34億円に上る被害が出ていることになる。このような被害は他国では考えられない多額であるし、それが35年以上にわたって続いてきたことは国内でも他に例がなく、突出して長い期間に及んでいる。

なぜ、このように多くの被害が長期にわたって続いてきたのだろうか。統一教会の教義や信徒指導に、そのような収奪を正当化するものがあったことは否定できない。統一教会では人類創造の後、エバがサタンと交わって堕落し、これがアダムにも伝えられたため、この世の多くはサタンの支配下にあるという。しかし、「サタンの主管下にあった、先の天と地が、神を中心とするイエスの主管下の、新しい天と新しい地に復帰される」終末へと進むのが歴史の摂理であるとしている。「サタン主管下にうめき嘆いている万物も」、「創造本然の神の子達が新たに復帰されて出現することを待ち望んでいる」とされる（世界基督教統一神霊協会編『原理講論』1967年、146頁）。このように神の下にすべてを「復帰」させていくことを「万物復帰」という。収奪にも比せられるような霊感商法や過酷な献金要求は、それが「万物復帰」のプロセスに貢献するものとして正当化される。

これはまた、教祖と統一教会が代表する善の領域とそれに敵対する悪の勢力を対置し、悪の勢力と戦うことは最大限に支持し、悪の勢力からの収奪をさえ正当化することにもつながる。そして日本は植民地主義時代の悪行にも示されているようにサタンの勢力下にあるのであって、その日本からの収奪が正当だということにもなる。すでに1965年に名古屋教会で行われた文鮮明の説教で、「韓国はアダムの立場に立っている。そして日本はエバの地にあたる。本来、財的福は韓国にみんな集まるべきであった。しかし、ある一つの責任を果たし得ないがゆえに、韓国動乱におきましてその財が日本に移った。花婿が隣のその花嫁に対して自分のすべての宝を授けていった状態である。しかしいずれ合わなければならない。そういう摂理上の意味がある…」（『文鮮明先生の日本語による御言集1』2001年、281頁）と語られている。

正体隠しと詐欺的手法

万物復帰は神の意志にそったことなので、平気で嘘をつくことが行われてきた。被害が明確にならないような詐欺的収奪もある。正体を隠した寄付集めの例をあげる。キャラバン車に6人ぐらいが乗り、早朝から夜遅くまで珍味などを売り歩く活動の例をあげる。マイクロバスになぞらえてマイクロ隊という。文鮮明が米国の獄中に捕えられていた時期に、慈善福祉団体という装いの「野の花会」というものをつくって行った寄付集めである。

1985年2月から3月まで、原理研究会の学生が全国で春休みの経済活動に取り組んだときのことについて証言がある。アフリカ難民のためのカンパとか、「野の花会」名義でハンカチを売るという活動である。この時に与えられた目標が、アメリカの文鮮明に4億5000万円の純益を出すためには、売り上げとして7億5000万円が必要であるという。この時には目標をやりあげたのであるが、全国で活動した学生の数は450人から500人ではないかと推定されている。そのさいに全国の事務を担当した人の経験でも、1日1人当たり4~5万円の売り上げにはなっていたという。／以上の事実から、統一協会のマイクロ活動は、国民に対する大規模で組織的な詐欺行為であることがうなずけると

思う。（郷路征記『統一協会マインド・コントロールのすべて』２４５頁）
高額献金をさせる活動を教団組織の指示で行っているのに、信徒が勝手にやっていることなので、教団に責任はないという弁明も繰り返されてきた。以下は、１９９０年頃の事例である（山口広、２０１７年）。

50億円以上の借金をさせられた都内のTさんは、交渉では返還しなかった約16億円について、統一教会と責任者の２人（西東京ブロック長の堀井と山本専務）を被告にして訴訟を提起した。原告代理人である私たちは当然のことながら、原告が借り入れさせられて統一教会に提供した金が何に使われたのかを追及した。T家の被害はその後殆ど回復することができた。／被告統一教会の代理人は、宗教法人統一教会はこの10億円以上の金を受けとっていないと主張した。…つまり、宗教法人たる統一教会ではなく、信徒会がやったことだというのである。しかし、信徒会が実質的に統一教会の活動を展開する地域組織であることはこの弁明からも明らかだ。しかも被告らは、この16億円余の大金が一体どこで何に使われたのかを明らかにしようとしない。（中略）一体、統一教会の会計はどうなっているのであろうか。一方、これほど法外な資金の流れがわかっていながら、なぜ税務署や検察庁

は動こうとしないのだろう。（130～132頁）

詐欺などの違法行為が見逃されるような背景事情があったと疑われざるをえない事態が数多く報告されている。

政治的な力の作用という要因

政治的な力が働いたか、そうではなくても政治的な作用を受けた「世間」の意思が作用したと考えざるをえないところだ。メディア、税務署、警察等がそうでなければもっと厳しい眼差しを向けるはずの集団に対して、そうさせないような暗黙の力が働いたのではないかと考えないとうまく説明できない。宗教団体への批判、さらには取締りについての歴史を振り返ると、取り締まられる場合も見逃される場合も、政治的な力や「世間」の意思が働いたと考えざるをえないような場合が多々見られる。

統一教会の場合、これだけの人権侵害が行われてきたにもかかわらず、この教団が勢力を拡大し、またそれを維持できたのは日本国内で政治的に守られた面があったことは否定できない。拙編著（2023年）では、そこに焦点をあてて議論をした。だが、統一教会は韓国に本部があり、韓国、米国、日本を主要な活動の舞台として展開してきたことはいうまでもない。そこで、この章では、日本だけでなく韓国と米国を含めた3国の政治状況まで含め、統一教会の勢力拡大あるいは維持に貢献した政治的な、またその他の要因について考えていきたい。時期は1950年代から80年代初めまでを対象とする。

なぜ、このように多くの被害が長期にわたって続いてきたのだろうか――この問いを念頭に置きながら、統一教会の歴史を振り返ろうとしている。以下では、統一教会が成立した1954年から、霊感商法が頻繁になされ、最も収奪行為が激しかった1980年代の初頭に至る時期の統一教会の教団活動の特徴について見ていこう。特に統一教会が社会的影響力を強めるために行った活動に注目する。なかでも政界工作ともいうべきものについて見ていきたい。

2 1950年代から60年代まで

最初期の韓国軍人への宣教

この節では、まず1950年代から60年代までの時期を見ていく。1954年にソウルで立ち上がった世界基督教統一神霊協会だが、早い段階で政界と深い関係をもつようになったようだ。55年にはメソジスト教会が設立母体の梨花女子大学の教員数人が統一教会に入信して辞職に至る「梨花女子大学事件」が起こる。金永雲（キムヨンウン）という社会福祉専門の教授もその一人だった。53年に入信し、設立時の協会の会長であった劉孝元（ユヒョウォン）の影響で入信したものだ。劉孝元はソウル大学の医学部で学んでいたが、カリエスで退学したという経歴のあるインテリで、１９６６年に刊行される『原理講論』の実質的な著者でもある。劉孝元や金永雲のような高い知的能力をもつ信徒が教団設立後の早期に入信したのである。梨花女子大学事件は成立したばかりの教団にとって打撃ではあったが、その前後は有力メンバーが入って強固な基盤ができた時期でもあった。

　金永雲の導きで57年に入信したのが、韓国陸軍中佐の朴普熙（パクボヒ）〔ハングル表記に準拠した〕である。他にも数人の軍人が入信するが、その中に後の朴正熙（パクチョンヒ）政権下でＫＣＩＡ（大韓民国中央情報部）に深い関係をもった者もいたとされる。このあたりは、米国議会下院のドナルド・フレイザー議員が中心となった「フレイザー委員会」が、１９７８年にまとめた報告書『韓米関係の調査』(*Investigation of Korean-American Relations*) と朴普熙の自伝『証言』（１９９７～１９９８年）に詳しい。前者はウェブサイトで見ることができ、後者は現在、入手しにくいが、かなりの部分は編集し直され普及版シリーズの形で、『文鮮明師が演出した「レーガン地滑り的大勝利」』（２００４年）、『文鮮明師こそ共産主義崩壊の仕掛人』（２００６年）、『文鮮明師の電撃的な北朝鮮訪問』（２００３年）

として刊行されており、入手しやすい。

朴普熙と韓国文化自由財団

57年に入信した朴普熙はそれ以前にも米国滞在経験があり英語に強く、61年に駐米韓国大使館付武官補佐官として渡米している。『韓米関係の調査』によれば、１９６３年2月26日のＣＩＡ（米国中央情報局）の報告にＫＣＩＡの創設者である金鍾泌（キムジョンピル）が統一教会を政治的道具として利用しようとしたと記されているという（１１８頁）。61年のクーデターで朴正熙とともに権力を握った金鍾泌は、64年に統一教会を利用して「韓国文化自由財団（ＫＣＦＦ）」を設立させる。韓国文化自由財団の会長は朴普熙、名誉総裁は金鍾泌だった。その際、朴普熙は軍隊を離れいったん帰国してから、再渡米して財団の長となっている。『文鮮明師が演出した「レーガン地滑り的大勝利」』には金鍾泌の名前は出て来ないが、これはフレイザー報告書を認めない統一教会側の立場を反映している。しかし、朴普熙は自伝で60年代初頭に在米韓国大使の丁一権（チョンイルグォン）とたいへん懇意にしたと述べている。大使館付武官としてであれば、そこまでの協力関係は不自然なことである。

朝鮮戦争後、なかなか経済発展も進まない韓国の、設立後、まだ10年ほどの小さな宗教団体が、米国で韓国文化自由財団というような組織を立ち上げ、独力で米国政界工作と規模の大きい広報活動（キャンペーン）に乗り出すということは考えにくいところである。この韓国文化自由財団はまず62年にソウルで始められた「リトルエンジェルス芸術団」という児童舞踊団（ほとんどは少女）の公演活動を手がける。朴普熙の自伝では、64年に帰国した際に、そう判断したのだという。65年に渡米したリトルエンジェルスは、まず韓国文化自由財団の名誉総裁の一人、アイゼンハワー元大統領の自宅庭園で演じ、翌日、ワシントンのヒルトンホテルで財団の貴賓たちを招いて、公演旅行を開始した。資金難は『リーダーズ・ダイジェスト』の共同代表からの2万5000ドルの寄付で何とかなったという。

韓国文化自由財団が続いて取り組んだのは「自由アジア放送」である。朴普熙の『文鮮明師が演出した「レーガン地滑り的大勝利」』（第1章）は次のように記している。

私はアメリカの人々に叫んだ。真理によって「鉄のカーテン」、「竹のカーテン」（中国共産党政権による情報統制や強権政治のこと）に穴を空けなければならない、と。ただ真理だけが共産主義を解放することができるであろう、と。そしてその真理を共産主義国家の奥深くまで送り届ける方法は、電波を通じた放送を通してである、と。…そこで、韓国放送公社（KBS）と契約して、強力な短波放送の送信機を時間あたりで借りることにした。／放送内容は3ヶ国語で制作された。韓国語の対北朝鮮放送、中国語の対中国放送、ベトナム

語の対ベトナム放送である。(2004年、65〜66頁)

韓国軍事政権の対米工作

ここで少し時間を遡り、1961年5月に韓国軍の青年将校によって行われた5・16クーデターについて触れておかないわけにはいかない。軍事革命委員会の名で革命公約が宣布されたが、そこには「反共体制の立て直し、アメリカとの連携、腐敗と社会悪の排除、自立経済の確立」などが掲げられていた(文京洙、2015年、90頁)。クーデターの主体となったのは、当時35歳の金鍾泌ら陸軍士官学校8期生であり、朴正煕少将は彼らと組んだのだが、朴の経歴には満洲国の関東軍士官としての過去があり、北側との関係を疑わせる事柄もあった。文京洙は米国政府の懸念を晴らす上で、日本政府が果たした役割が大きいと見ている。

朴のこうした経歴は、アメリカにクーデターへの一抹の不安を抱かせた、そして、この不安を解きほぐすのに一役買ったのが日本の池田首相であった。6月19日、ワシントンでケネディと会談した池田は、韓国との関係改善に期待を表明してアメリカの朴正煕に対する疑いの解消に努めた。60年安保で退いた岸信介は満洲国官僚出身であり、岸を継いで首

> 相となった池田は、満洲国人脈の朴正煕たちが権力の座につけば、曲折を重ねていた日韓会談を軌道に乗せることができると期待したのである。／池田・ケネディ会談から2週間後の7月4日、朴は、反共法を公布し、反共主義者としての面目を内外に示した。29日、アメリカは政府として公式に軍事政権を承認する。さらに、11月14日、朴はケネディとワシントンで会談し、日韓会談を推し進めるとともに、韓国軍のベトナム派兵まで提案してケネディを喜ばせた。（同前、93頁）

このような韓国のクーデターによる軍事独裁政権の成立と、統一教会の米国での政界工作や広報活動の開始は時期的に重なっている。その背後に金鍾泌と統一教会のつながりがあったというのが、フレイザー委員会の調査結果だが、朴普煕と統一教会側はこれを強く否定している。金鍾泌はKCIAの創立者として知られ、新たな軍事政権の中枢にいた人物である。フレイザー報告書によると、政権の情報機関が新興の一宗教団体を利用して、対米政界工作を進めようとしたということになる。

「4人の英語を話す韓国陸軍の青年将校が文のお告げを好意的に受け入れた」というが、朴普煕の他にも韓相国（ハンサングク）（別名ブド・ハン）、金相仁（キムサンイン）（別名スティーブ・キム）、韓相吉（ハンサンギル）らが統一教会の支持者になった軍人だという（日隈威徳、2022年、94〜96頁）。日隈威徳はフレイザー報告書の

「文鮮明機関は1960年代の初めに反共活動に携わり始めた。これは韓国政府の首脳たち、とくに金鍾泌が、北朝鮮の金日成のイデオロギーに対抗するために強力な反共イデオロギーを育てる必要がある、と力説していた時期にあたっていた」(『世界政治資料』1978年12月下旬号)という一節を引いている(77頁)。「文鮮明機関」というのは、統一教会関係のさまざまな組織が全体として一体となって文鮮明の指示に従って動いているものと捉え、その全体を指す用語である。

反共をテコとした米韓関係の統一教会

一方、朴普熙自伝は金鍾泌との関係についてはまったく触れていないが、韓国政官界の人々の一部には触れ、米国政界や著名人との関わりについては誇らしげに記述している。前に触れた「自由アジア放送」のための資金集めについては次のように述べている。

このための大々的な寄付金募集活動に入った。アメリカ合衆国の全国民に訴えて、反共意識を強固にし、真理による反共闘争の会員となり、自由アジア放送を支援してほしいと呼び掛けアメリカ全土に数千万通の訴えの手紙が送られた。この作業は主に私と私の家族が担当した。/この寄付募集運動に対しては、アメリカの国をあげての支持を獲得することに成功した。アイゼンハワー、トルーマン両元大統領、連邦議会上下両院の大物級人士、有力な州知事たちに加えて、ハリウッドの名優たちから予期せぬ支援を受けるようになったことは、天運の賜物といってよかった。/今はもう他界しているかの有名な西部劇の英雄ジョン・ウェイン、名歌手にして名俳優ビング・クロスビー、そして喜劇俳優ボブ・ホープや韓国でも知らない人のいないチャールトン・ヘストン等々が寄付金募集を呼び掛ける文書に署名し、米国民がこの意義ある反共事業に協力し、寄付金を送ってくれるよう要請したのである。(朴普熙、2004年、66~67頁)

統一教会が米国でのこうした「反共闘争」に熱心に取り組んでいた60年代は、朴正熙政権が反共を掲げ米国との連携に力を入れ、インドシナ戦争(ベトナム戦争)においても米国側に立って積極的に軍事協力を行った時期である。1965年から73年に至る時期に韓国は約5万人、延べ31万人余りの実戦部隊をインドシナに派遣した。他方、朴政権は経済成長を重視する立場から、それまでなかなかまとまらなかった日韓の交渉を推し進め65年の日韓基本条約の締結に至っている。日韓基本条約に対しては両国で激しい反対運動が起こった。両国で学生らの抗議活動が目立ったが、韓国では特に激しかった。日韓政府はそうした批判の声を抑え込みながら、65年の条約締結へと進んだ。その際、「反共」は日韓の右派が共有する大義として大きな役割を果たした。

日本右翼との連携工作

日本での統一教会の伝道活動は1958年に西川勝（韓国名は崔翔翼、あるいは崔奉春）によって始められ、60年代の初頭にはすでに各地の大学で原理研究会が設立されていた。64年には「全国大学連合原理研究会」が設立され、統一教会が日本の宗教法人として認証されている。そして、67年には山梨県本栖湖畔の全日本モーターボート競走連合会の施設「水上スポーツセンター」会議室で、韓国の統一教会頂点の文鮮明と劉孝元、日本の右翼陣営の実力者が集まって「アジア反共連盟（APACL）」の結成準備の会合が行われたがその意図は実らなかったとされる。日本側の参加者は笹川良一、児玉誉士夫の代理の白井為雄、市倉徳三郎、山下幸弘、畑時夫らだが、有力政治家は加わっていなかった。「アジア反共連盟（APACL）」、「世界反共連盟（WACL）」はすでに活動を開始していたとされるが、その動きに統一教会は積極的に加わり、日本の右翼勢力をもそこに巻き込もうとしていたということのようだ。

統一教会は68年には韓国で国際勝共連合を、同年4月に日本勝共連合を発足させる。日本勝共連合の会長は日本統一教会会長の久保木修己、名誉会長には笹川良一が就任したが、発起人には岸信介元首相も加わった。顧問団には自民党衆議院議員の小川半次、山本勝利、大坪保雄、辻寛一、千葉三郎、鯨岡兵輔、伊藤宗一郎、同参議院議員の玉置和郎、青木一男、源田実らとともに、財界人、右派言論人らが加わっていた（日隈威徳、2022年、126〜127頁）。後述するように1970年には世界反共連盟の大会が東京の日本武道館で開かれるが、大会推進委員長は自民党の岸信介が、議長は日本統一教会の久保木修己が、大会責任者を国際勝共連合の阿部正寿事務総長が務めた。

この時期までの、統一教会の活動を見ると、韓国、米国、日本で政治家や右翼運動家や右派の学者、財界人らに働きかけて、反共運動の担い手として勢力基盤を築こうとしていたことがわかる。韓国ではまず軍部に支持者ができて、反共を掲げる61年のクーデター政権と連携し、米国での政権工作、反共工作に大いに協力した。韓国文化自由財団がその担い手で、主にリトルエンジェルスと自由アジア放送を通して、政界をはじめとして広い層の支持を得る活動を行った。特に自由アジア放送の成功は文鮮明・朴普熙と朴正煕・金鍾泌の双方にとってもたいへん喜ばしいことだった。朴普熙は『文鮮明師が演出した「レーガン地滑り的大勝利」』で次のように述べている。

私は一度、朴正煕大統領（在職1963〜1979）にお願いして、「自由アジア放送を支援するアメリカの愛国反共人士たちに、感謝の手紙を送ったらどうでしょうか」と建議したことがあった。大統領は感動されて、青瓦台（大統領官邸）専用の用紙に英語で手紙を書いてくださったことがある。／しかし、わが財団は韓国政府からお金を一銭たりとももらったことはない。（71頁）

統一教会は韓国政府からもらわずに、どのようにこうした資金を入手しようとしたのだろうか。ある時期以降、その役割を担ったのは日本の統一教会信徒や支援者と彼らが搾取しようとした人々だったということを私たちは知っている。だが、60年代の日本の政治家たちはそのような展開が生じるとは思いもよらなかったのかもしれない。この段階での日本の統一教会は、原理研究会に引き寄せられた学生たちを「献身」者として隔離していくことと、右派の人脈を利用した政界工作に多くの力を注いでいた。こうして養われた組織資源によって、多大な人権侵害を生む勧誘と搾取が行われるとともに、マスコミの批判や税務署の調査や警察の捜査などがなされにくい状況がつくられていった。

3　１９７０年代前半の政界工作

アジアにおける反共運動の前線で

60年代末から70年代へと視野を移していこう。１９６８年の春には、当時のチェコスロバキアで「プラハの春」の運動が起こり、5月にはパリで学生らを中心に「五月革命」の運動が起こっていた。一方、中国では１９６６年から毛沢東による「文化大革命」が起こり、米国では65年からの本格北爆や米軍上陸を機とするベトナム戦争反対運動や、公民権運動の高揚があり、68年にはマーティン・キング・ジュニア牧師の暗殺が起こっていた。韓国や日本でもベトナム反戦運動は活性化しており、日本では68年になると東大、日大などをはじめとして全国の大学で学園闘争が起こり、69年の安田講堂闘争へと至る。この時期、これらの動向に対抗するかのように右派の思想運動も活性化しており、しばしばそれは宗教的な背景のあるものだった。米国プロテスタントの福音派（エヴァンジェリカル）や根本主義者（ファンダメンタリスト）も同時的だが、日米韓の3ヶ国という範囲で見ていくと、統一教会の動きは目立つものだった。

当時の統一教会の動きが日本のジャーナリストにどのように見えていたか。まず、１９６８

年から73年にかけの状況を茶本繁正『原理運動の研究』（1977年）によって見てみよう（28〜41頁）。

1968年2月、ソウルで436組の合同結婚式が行われたが、この結婚式には日本船舶振興会（現日本財団）会長の笹川良一が出席し、このニュースを大きく報じた韓国紙をふりかざしながら、「全人類を兄弟姉妹と考える文鮮明氏は実に大人物。くだらん子どもは生むな、いい子どもをウンと生み、きびしいしつけで世界人類に役立つ人間を育てようというのが彼のねらいだ」などと語ったという（『東京新聞』1968年3月13日）。同年9月28日には、原理運動対策父母の会は修錬所建設の募金は詐欺だとして警視庁へ訴えた。修錬道場のために信者や父母から約3000万円を集めたが、建設予定地はすでに売却されていたというものだ。69年2月3日の『読売新聞』は「散弾銃、大量に買う原理運動の会員たち　警察庁所持申請に不安」と題して、韓国からエアライフルと散弾銃が大量に輸入されて統一教会に所持されていることを報じている。

右派政治家との連携の強化

69年10月7日には、東京大手町のサンケイホールで勝共国民運動東京大会が、11月30日には早稲田大学でアジア学生勝共大会が開かれた。12月にはタイのバンコクで開かれた第3回世界反共連盟（WACL）総会に日本勝共連合の久保木会長がオブザーバー参加している（第1回は台北、第2回はサイゴン）。70年1月21日にはソウルの市民会館で第1回アジア勝共大会が開かれ、5月11日には立正佼成会普門館でWACL躍進国民大会、9月15〜17日京都国際会館で第4回WACL総会、9月20日には日本武道館でWACL世界大会が開かれた。WACL躍進国民大会では自民党副総裁川島正次郎が佐藤栄作首相のメッセージを代読、WACL総会では佐藤首相のメッセージを保利官房長官が代読した。他方、同年4月9日には岸信介元首相が統一教会本部で信徒4000人を前に国際情勢を語っている。

9月20日のWACL世界大会は2万人を集めたといわれるが、朴正熙韓国大統領、蔣介石国民政府総統、チュー南ベトナム大統領、マルコスフィリピン大統領、タイのタノム首相、アグニュー米国副大統領、日本政界からは佐藤首相、川島副総裁、船田中衆議院議長、福田赳夫蔵相などからもメッセージや祝電が寄せられ、自民党の賀屋興宣が30分間にわたる演説を行ったという。茶本によると日本の勝共連合がWACLやAPACLとその日本支部の存在を知ったのは69年の7月頃らしい。それから1年ほどの間にいくつもの大会を開き、統一教会と政府や与党の関係が強化されていったことがわかる。朴普熙が韓国文化自由財団を用いて米国で行ってきたキャンペーンから数年遅れてではあるが、日本でもこの時期に統一教会と勝共連合が軸となって大きな「反共」キャンペーンが行われ、政治家や政党、ひいては政府と統一教会のもたれ合いの基盤が形成されていったことがわかる。

右派政権に食い込んで反共を掲げて政界や諸分野の右派著名人を取り込んでいくという統一教会の布教戦略は、韓国、米国、日本でいくらか形は異なるが60年代から70年代にかけて精力的に進められ、かなりの成功を収めたように見える。20世紀に入ってからの日本では1920年代から1935年の第二次大本事件に至る時期の大本にいくらか相通じる特徴が見えるかもしれないが、その程度はだいぶ異なる。宗教教団としての勢力はまだまだ小さいものであるにもかかわらず、政界での影響力は大きいという点では、韓国、米国、日本の統一教会は共通している。近代宗教史の中でもこのような例は珍しいものだ。

70年代のキャンペーンと挫折

さらに、70年代の前半、統一教会は文鮮明自身を米国公衆に売り込むという新たなキャンペーンに取り組んでいる（朴普熙、2004年〈第2章、第3章〉、1997年〈上巻・第11章〉）。文鮮明は71年12月に本拠を米国に移す。そして、72年の2月から3月にかけて米国の7大都市で信仰復興の大集会を行っていく。韓国ではそのような大規模な公衆向け講演を行うようなことは一度もなかった。文鮮明は当時はまだ英語が話せなかった。だが、朴普熙の通訳による講演はかなりの成功を収めたようだ。ビリー・グラハム（1918〜2018）ら大規模集会による説教、あるいは講演はリバイバル（信仰復興）運動以来の米国のプロテスタントの有力な宣教手法であり、それにならったものともいえるだろう。

この「希望の日大講演会」は続いて72年から73年にかけて全米21都市で、74年2月から4月にかけて全米32都市で行われた。そして、74年5月7日には、東京の帝国ホテルで「希望の日晩餐会」が行われ、1700人が参加した。「日本の現職国会議員と大臣が多数参席し、当時大蔵大臣で後に総理大臣になった福田赳夫氏が「アジアに偉大な指導者現る。その名は〝文鮮明〟」という歴史的な発言をした。この記念すべき大晩餐会の名誉実行委員長は岸信介元首相であった」（朴普煕、2004年、94頁）。9月18日にはマディソン・スクエア・ガーデンでの3万人集会を成功させたが、これを始めとして8都市での講演を行い、10月8日と12月18日には米国議会での講演を行った。

こうした文鮮明と統一教会の華々しい発展にかげりがさすのは、70年代の米国での状況の大きな変化によってである。反共を掲げることで政権と密な関係をもってきた教団だが、反共を掲げてきた政権が批判を浴び、やがて交代していくという政治状況の激変に見舞われる。これによって教団も厳しい批判を浴びるという事態が訪れた。これは米国で起こったことだが、それによって英国をはじめヨーロッパ諸国でも伝道と勢力拡大が容易でなくなった。

しかし、韓国においては政権交代は起こっておらず、あまり影響を受けることはなかったと思われる。それに対して、日本では米国や欧州での状況変化の影響を受け、一定程度、批判が強まった。しかし、日本では欧米諸国のような強い打撃を受けることはなく、韓国と同様、政権の支持を受け続けることができた。これは日本において、信徒数の増加が継続できたことによる。また、この時期に日本での教団の活動は資金を獲得することに力点を置かれることになり、それによってますます教団による信徒への抑圧や信徒・市民双方からの収奪が強化されていったことである。60年代には反共を掲げることによって教団にとって多大な利益があったのだが、70年代の中頃から米国ではその利益が失われ、厳しい状況に追い込まれる。それを支えるために日本の教団組織に重圧がかかることになったと考えられる。

ニクソン政権とウォーターゲート事件

この時期の米国での統一教会への批判の動きについて見ていこう。米国政界と教団の関係の大きな転換はウォーターゲート事件によって生じた。ウォーターゲート事件はニクソン政権によるスキャンダルで、結局、ニクソン大統領の辞任に至る過程の全体をいう。１９７２年の大統領選挙のさなかの6月17日に、ワシントンD.C.のウォーターゲート・ビルにある民主党本部に中央情報局（ＣＩＡ）の工作員が盗聴器を仕掛けようとして侵入し、警備員に見つかって警察に逮捕されたことから始まる。犯人グループはニクソン大統領再選委員会の関係者であることが判明したが、ホワイトハウスは関わりを否定し、さらには捜査妨害やもみ消しを行おうとした。ところがそうした経過への大統領周辺の関与が次々と露わになり、大統領弾劾を恐れたニクソンは１９７４年8月、自ら辞任するに至った。米国史上初の大統領辞任である。

この時期はちょうどベトナム戦争で米国が敗北し撤退せざるをえなくなる時期と重なっていた。１９７３年1月23日、北ベトナムのレ・ドゥク・ト特別顧問とヘンリー・キッシンジャー米大統領補佐官の間で、和平協定案の仮調印が行われ、３月29日にはニクソン大統領が米国民に「ベトナム戦争の終結」を宣言する。75年４月にはサイゴンが陥落し、南ベトナムは崩壊、南北統一へと進んでいく。こうしたベトナム戦争の展開は、反共を大義に掲げていた米国の敗北であり、反共を掲げていた韓国政府や日本の右派勢力にとってもたいへん憂うべき事態であった。

ニクソン政権の崩壊

こうした世界情勢の展開の中で、文鮮明と統一教会はあくまで反共を主張し、ニクソン擁護に回るという姿勢をとった（朴普熙、２００４年〈第４章〉、１９９７年〈第11章〉）。１９７３年11月30日の『ニューヨーク・タイムズ』、『ワシントン・ポスト』、『ロサンゼルス・タイムズ』、『シカゴ・トリビューン』など全米50州の主要日刊紙に意見広告を出して、「キリスト教の３大原則である「許せ、愛せ、団結せよ（Forgive, Love, Unite）」の一大宣言をなさったのである」（朴普熙、2004年）。この日本語訳から一部を紹介しよう。

ウォーターゲートは単なる大統領個人の試練ではありません。ウォーターゲートは米国の信仰の試練であります。この国が道徳的危機のまっただ中にあって、神の御前にいかなる姿で立とうとするのか？　200年前、キリスト教の伝統の上にうち建てられたこの国が、今日もなお、その同じ伝統を保持していくことができるか？　この国はその寛大さと互いに許し合う心の証しを立てることができるか？　…我々はリチャード・ニクソンを愛さなければなりません。イエス・キリストは自分の敵さえも愛したのです。あなたは自分の大統領を愛さなければならないのではないでしょうか？　…アメリカの今日の危機は乗り越えることができます。…数年先の建国200年祭を迎えるに当たって、神はアメリカをウォーターゲート問題でテストしておられるのです。アメリカは愛と許しの心によって一つに団結できるということを実証しなければなりません。（160〜165頁）

こうした運動を受けて文鮮明は74年2月1日、ホワイトハウスに招かれ、ニクソン大統領との面会が行われた。ニクソンは「レバレンド・ムーン、あなたは偉大なる神の使者です。…キリスト教精神を復興しアメリカを救うことが、結局はアメリカがその使命を完遂し、世界共産化を防ぐことにつながるという主張に、私は全面的に同意するものです」と述べたという。そして、文鮮明は問題となっている大統領発言の録音テープに言及し、「明日直ちにその録音テープ全部をホワイトハウスの広場に積んで、記者会見を開き、『私はこの国家機密を共産陣営に渡すことはできないので、私の大統領としての権限により、アメリカを守り、自由世界を守るために、これを焼却するものです』と宣言し、ガソリンを振りかけて火をつけるように」と述べ、これは天の啓示だと述べ、ニクソンはそうすると約束したという。しかし、決断力のないニクソンはこれを実行に移すことができず、ついに8月8日の大統領辞任発表に至ったという（同前、172〜183頁）。

4　1970年代後半から80年代へ

統一教会の米国での宣教基盤の形成

1950年代の中頃に統一教会は劉孝元、金永雲らの知的能力の高い幹部信徒を獲得し、すぐに韓国の軍部から有力信徒を得ることに成功した。１９６１年の軍部クーデターによる朴正熙政権、またＫＣＩＡ創設者である金鍾泌とは、その成立時から良好な関係にあり、60年代の初めから英語運用能力の高い元軍人を使って米国宣教に乗り出した。その宣教活動のあり方は、当初から地道な伝道により信徒をこつこつと増やしていくというよりは、政界をはじめとする米国社会の有力者たちを味方に引き込んで、キャンペーンを重ねていくという側面に力を入れていた。そのキャンペーンの一つの柱は「反共」であり、元軍人で英語が得意な朴普熙はこのキャンペーンの中心的な担い手だった。

もちろん政治色の強いキャンペーンだけをやっていたわけではなく、日本の原理研究会の広がりに対応するような熱心な信徒を引き込むための活動も進められていた。金永雲は１９５９年に渡米して西海岸を中心に宣教活動に関わるとともに、「統一神学」の形成に尽力し、75年にはニューヨーク州のベリータウンに統一神学校が開設されている。金永雲は *Divine Principle and Its Application*（１９６９年）、*Unification Theology and Christian Thought*（１９７５年）、*Unification Theology*（１９８０年、古田武士訳、１９８８年）などの著作も刊行している。だが、70年代にはいると、文鮮明自身が米国に拠点を移し、政界工作を大きな要素とするキャンペーンに多大な力を注いでいった。それは朴普熙の著作に明白に述べられている。

こうした政治活動の基盤を固めるべく、「勝共」の理念を学術的に基礎づけようとする努力も進められ、李相憲によって『新しい共産主義批判』（１９７２年）、後には、日本語版もある『共産主義の終焉』（１９８４年）といった書物も刊行されている。日本の新宗教団体で、こうしたがっちりした学術的な装いをもった書物を刊行したり、神学校をもつような団体はほとんどないことからも、統一教会の特異性がうかがわれる。

反共運動のかげりと日本での盛り上げ

１９７４年はニクソン政権が瓦解し、ベトナム戦争での米国の敗北が露わになっていく年であり、これまでの反共をテコにした統一教会の米国政界キャンペーンにかげりがさしていく時期である。だが、ニクソン大統領との会見が行われた2月１日の後も、文鮮明と統一教会は米国での大規模集会を続け、その後、5月7日には東京の帝国ホテルで「希望の日晩餐会」を行い、１７００人が参加した。すでに述べたように、朴普熙は「日本の現職国会議員と大臣が多数参席し、当時、大蔵大臣で後に総理大臣になった福田赳夫氏が「アジアに偉大な指導者現る。その名は〝文鮮明〟という歴史的な発言をした」と述べている（李相憲、１９８４年、94頁）。さらに、「この記念すべき大晩餐会の名誉実行委員長は岸信介元首相であった。岸元首相は文師の勝共運動に深く共鳴し、文師とともに直接会談された。その後亡くなるまで、相互に深い愛情のこもった親交が続けられた」（同前、94～95頁）としている。

74年9月28日には世界平和教授アカデミーが創設されている（日隈威徳、1983年、第2部第1章1「世界平和教授アカデミーの正体」）。初代会長は立教大学総長や参議院議員の経歴をもち、67年、75年の東京都知事選挙にも出馬した松下正寿である。これに先立ち、文鮮明の提唱により「日韓教授親善セミナー」や「科学の統一に関する国際会議」が開かれていた。日本で設立され会長は日本の学者だが、原案は韓国側から出されKCIAが作成したとされる（佐藤達也、1978年4月）。米韓日を主な場として活動を続けていく世界平和教授アカデミーだが、日本で設立され多くの日本の学者が加わっており、その中には東京教育大学教授時代、同大学の筑波移転推進派として行動し、1980年から86年にかけて筑波大学の学長を務めた福田信之も含まれていた（福田信之・M・A・カプラン・李恒寧共編、1987年）。

コリアゲート事件

しかし、70年代の中頃には、米国では政界工作の成功を通して築きあげてきた統一教会の勢力基盤が、脅かされるような事態が発生している。『文鮮明が演出した「レーガン地滑り的大勝利」』第1章は、この新たな事態について以下のように述べている。

しかしながら、当時米国に伸長しつつあった容共的な（共産主義を容認する、共産主義に甘い）リベラル勢力は、われわれの成功を看過しなかった。／1976、7年頃、「朴東宣氏事件」が世論の指弾を受けて大問題となった。この時、この機会を政治的に利用して、上院議員選挙に出馬しようとしていた下院国際関係委員会国際機構小委員会のドナルド・フレイザー（Donald Fraser）委員長（民主党）が、わが財団と自由アジア放送が韓国政府の手先で、政府から資金を受け取って対米工作をしていると言い掛かりをつけ、われわれの反共・勝共運動と統一教会の活動を一挙に崩壊させようと襲い掛かってきたのである。（朴普熙、2004年、71頁）

「朴東宣（パクトンソン）氏事件」というのは「コリアゲート事件」とも呼ばれているもので、ウォーターゲート事件以後のニクソン政権と韓国政府との関係に関わるものだ。ニクソン大統領が在韓米軍撤収を計画していたのに対して、大韓民国中央情報部（KCIA）が実業家朴東宣を通じて賄賂を使い、米国政府の決定に影響力を及ぼそうとしたものだ。容疑は米国下院議員がジョージタウン大学の人脈を使った朴東宣によって買収されたというもので、フレイザー委員会で審議が行われ、78年に『韓米関係の調査』という報告書が出たことは、すでにこの章の第2節でも触れている。この調査を踏まえて、77年に朴東宣は前職・現職議員32人に85万ドルの選挙資金を提供したとして起訴され、複数の前議員らに有罪判決が出ている。その背後でKCIAが関与していたとの疑い、統一教会がそこに協力したのではないかとの疑いがかけられ、朴普熙も証言を行っているが、結論は出ないままとなった。朴普熙はそれについて次のように述べている。

私は一度、朴正熙大統領（在職1963〜79）にお願いして、「自由アジア放送を支援するアメリカの愛国反共人士たちに、感謝の手紙を送ったらどうでしょうか」と建議したことがあった。大統領は感動されて、青瓦台（大統領官邸）専用の用紙に英語で手紙を書いてくださったことがある。／しかし、わが財団は韓国政府からお金を一銭たりとももらったことはない。／それにもかかわらず、1978年になって、私はフレイザー委員会の一証人として召喚された。この闘いはわが財団（韓国自由文化財団――島薗注）の死活をかけた深刻な闘いとなった。なぜなら、フレイザー委員会の究極目標は、これを機会に統一教会を韓国政府の手先と規定して、宗教団体としての資格を剥奪し、アメリカから追放しようということだったからである。／わたしは自分の名誉と命をかけてこの闘いに挑んだ。／ここで読者に知ってもらいたいのは、アメリカ社会の全面的支援を得て破竹の勢いで発展していた自由アジア放送は、この不当な調査の余波を受けて、中断の悲運に見舞われたことである。（同前、71〜72頁）

フレイザー委員会報告書『韓米関係の調査』

朴普煕は統一教会と韓国政府の相互利用関係を否定しており、ここは争点となってきたところだ。日隈威徳『統一協会=勝共連合とは何か』（2022年）の叙述を参照しよう。フレイザー委員会の報告書『韓米関係の調査』は、1961年の「クーデター直後の時期に、金鍾泌はKCIAを創立し、新政権の政治的基盤をつくりだす仕事を指揮した。1963年のある未評価のCIA報告は、金鍾泌がKCIA部長であったときに統一教会を『組織し』、それ以来統一教会を『政治的用具』として利用してきた、とのべている」としている（95〜96頁）。

これに対して、統一教会側は韓国軍事政権との深い関係を否認することで、コリアゲートをめぐる追及から逃れようとした。それに対する『韓米関係の調査』の反論は以下のようなものだ。

統一教会のスポークスマンたちは、1963年2月の報告は正確ではありえない、と主張した。というのは、前の方でのべたように、文が統一教会の前身である世界キリスト教統一神霊協会を創立したのは、金鍾泌が政権の座につくよりも前の1954年だったからである。／このCIA報告で使われている「組織した」という用語は、それが「創立した」という用語と同義であるかぎりでは、またそれが文運動を創始したのは金鍾泌だというふうにとれるかぎりでは、不正確である。しかし、ほかのところで説明したように、統一教会は多くの形態をとり、多くの名称を用い、またたえまない組織上の変化を経てきた。さらには、このＣＩＡ報告やその後の情報機関報告に見られる、金鍾泌と文鮮明機関が相互支持の関係にあったという示唆や金鍾泌が統一教会を政治的目的に利用したという言明を裏書きする独自の資料が大量に存在していた。（『世界政治資料』１９７９年２月上旬、日隈威徳、２０２２年、98～99頁）

ここで用いられている「文鮮明機関」という用語はフレイザー委員会が多用しているものだが、統一教会や勝共連合や韓国文化自由財団など、統一教会関係の諸組織が一見、それぞれ独立しているように装いながら、文鮮明と教団本部の指示の下で一体となって動いてきていることを示すものだ。

各国の統一教会に対する向かい風

フレイザー委員会の追及で統一教会や関連組織は直接、刑事罰を科せられるには至らなかった。しかし、これを受けて、統一教会は各国でその活動を厳しく問われることになる。すでに75年の5月にはプロテスタントの15の教派が「韓国キリスト教汎教団指導者協議会」名義で統一教会が「反キリスト教団体」であるとした声明を発表したことは、本書第2章で述べられている。77年を例にとると、日本でも韓国でも、高麗人参濃縮液の薬効をうたって販売していた統一教会系の「一和」に捜査が入り、韓国では逮捕者が出ている（77年2月）。また日本では「原理運動被害者父母の会」が対策を求める陳情書を福田赳夫首相に送っている（同年1月）。東京法務局が入信の強制の有無等について、教団幹部の聴取を行う（同年4月）。米国ではニューヨーク州が募金目的と用途が食い違っているとして教団の募金を禁止したとする報道がなされた（同年4月）。

79年4月にも、韓国の五つのキリスト教教派と団体が共同で「韓国キリスト教連合：統一教会はキリスト教ではない」という声明書を出している（第2章）。キリスト教徒の数が多く、その政治的影響力も大きい韓国だが、正統キリスト教連合体からの異端宣告に等しいものだ。81年には英国の『デイリー・メール』紙が統一教会は若者を強引に勧誘し家庭を破壊するとした記事に対し統一教会が訴えていた裁判で、統一教会は敗訴している。10月には米国司法省が文鮮明を脱税容疑で起訴している。1973年から75年までの3年間に個人名義の銀行預金約160万ドルの利息約11万2000ドルなど、合計16万ドルの所得申告を怠っていたというものだ。82年に第1審の有罪判決が下り、84年5月、連邦最高裁判所で上告棄却となり判決が確定し、文鮮明はコネチカット州のダンベリー刑務所に収監され13ヶ月間服役することになる。

82年には欧州共同体（EC）が統一教会に免税特権や公益法人としての利益を与えないなどの対策を決議している。

米国、韓国、欧州での苦境

70年代の中頃から80年代の中頃にかけて統一教会は米国、韓国、欧州で厳しい批判を受け、伝道活動や献金勧誘が容易でない状況に追い込まれていった。その間に米国ではベトナム戦争の敗北とインドシナ半島からの撤退が決定的となり、大統領が共和党のニクソン（1969〜1974）からフォード（1974〜1977）へ、そして民主党のカーター（1977〜1981）へと変わっていった。81年から89年のレーガン大統領の時期には朴普熙の著書の書名『文鮮明師が演出した「レーガン地滑り的大勝利」』にあるとおり、政権の「反共」色が再び明確になり、統一教会はレーガン大統領との関係の深さを誇るようになる。しかし、70年代中頃から80年代の初めは、米政権との連携という点からも統一教会には苦しい時期となった。

人権外交と在韓米軍の削減を唱えるカーター大統領の時代は、韓国の朴正煕政権（「維新体制」と呼ばれる）にとっても厳しい時期となった（前掲、文京洙、2015年、第2章、第3章）。次々と人権抑圧問題が起こると、カーター政権は金大中、金泳三らの野党勢力に好意的な姿勢をとり、反政府運動は活性化し、79年3月には宗教界、言論界、政界などの在野の団体と有力者が結集して「民主主義と民族統一のための国民連合」が結成される。79年には朴正熙が射殺され、民主化への期待が膨らむ「ソウルの春」が訪れるが、80年には非常戒厳令による押さえ込みが行われ、全羅南道の光州では5月後半に死者・行方不明者数百人、負傷者5000人近くを出す光州事件が起こっている。

70年代後半は米国と韓国で反共右派政権が後退した時期であり、「勝共」を掲げて韓米日の連携を強める方向で政界工作を行いながら布教を進めてきた統一教会にとっては厳しい時期だった。ところが日本ではこの時期も自民党単独与党政権が続いた。首相は三木武夫（1974〜1976）、福田赳夫（1976〜1978）、大平正芳（1978〜1980）、鈴木善幸（1980〜1982）と変わっていくが、自民党の長期安定政権は続いており、福田赳夫は右派の清和会の領袖であり、「勝共」を掲げる統一教会とは近しい関係にあった。米国でのコリアゲート問題やフレイザー委員会に関わる報道の影響で、日本でもいくらか統一教会への批判の声が高まりはしたが、その程度は弱かった。

日本への「送金命令」と霊感商法

統一教会をめぐるこのような国際環境の下で75年7月、文鮮明は日本の統一教会に送金命令を発したと統一教会広報局長で『世界日報』編集長だった副島嘉和は証言している（副島嘉和・

井上博明「これが『統一教会』の秘部だ――世界日報事件で『追放』された側の告発」『文藝春秋』１９８４年７月号）。別の資料からは、74年５月９日に埼玉県の狭山湖畔で大会が開かれ、全国から７０００から８０００人の信者が集まり、文鮮明は「自分にはお金がないから、みんなで高麗人参茶を売るようにと信者に質し、５月から８月にかけての90日間で、４００箱売るという〝誓約書〟を書かせた」という報道もあった（「第80回国会衆議院法務委員会　第８号 昭和52年４月６日 議事録」）。

有田芳生は「この送金命令に応えるように霊感商法がエスカレートしていく」と述べている（有田芳生、１９９７年、１４１～１４２頁）。そして、「84年７月、文鮮明教祖がアメリカで脱税容疑のために逮捕され、ダンベリー連邦刑務所に収監されてから、脅し方が激しくなっていった」との元信者Ａさんの証言を引いている。「『お父さま（文鮮明）にもっと献金しよう』が、合言葉になったからです。70年代前半に高麗人参茶を売っていた頃は、３５００円のものを２個セットで販売し、多い人だと月に４００万円から５００万円の売り上げがありました。全国で２０００人ほどが、この販売に取り組んでいました。買ってもらうのに使ったのは、体質改善トーク。これを飲めば体質が変えられる、というわけです」（同前、１４２頁）。

このＡさんの語りでは、70年代前半から80年代中頃へと話が飛んでいる。この間に途方もない額で壺や印鑑などを売りつける霊感商法の導入拡充があった。これは日本でなされ、日本でだけ本格的に行われたものである。有田はそれは77年から78年頃のことだと述べている。これは統一教会系の韓国の企業「一信石材」から輸入された大理石の壺をどのように販売するかということから展開したものだ。初めは高額で買うのは信徒だけだったが、「教養を使って売る」ことにしたという。

壺がなかなか売れなかったので、これからは教養を使って売っていこうと決まった。初期の体質改善トークからグレードを上げて、壺は霊界を解放するため、高麗人参は血を清めるため、つまり教養で言えば血統を転換するためだという話を、体系化していったのです。私たちが高麗人参濃縮液を聖書に出てくるマナと呼んでいたのは、これを文教祖の血の一滴と意味付けたからです。トークの基本ができると、霊能者役のトーカーが全国から400人ほど集められて体験交流も行われました。77年から78年頃のことです。／こうして「ヨハネトーク」と名付けられた霊感商法の販売マニュアルが出来上がり、全国の統一教会信者へ広まった。そこでは相手の財産状況を把握することから、「お客様のウィークポイントをつかむため」の方法までが、こと細かに解説されている。（同前、142～143頁）

まずは印鑑を売り、因縁話や先祖に関わる話に関心をもたせ、より高額の壺へと進んでいく。

これで以前より、格段に効率的に売り上げが上がるようになったという。このような資金稼ぎのための教義の利用が詐欺的であることは確かである。だが、警察や検察、またメディアによる本格的な追及がなされないできた。

以上、統一教会が日本でこそ長期にわたって政界からの支持や保護を期待できたことと、霊感商法が長期にわたって見過ごされてきたこと、その両者の関係を解明するための基礎的な証拠調べがある程度できたと考える。

5 関係諸国と統一教会の活動と政治状況

韓米日における政治先導の活動拡大

1950年代から70年代にかけての統一教会の日米韓3国の政界工作や広報活動について、その特徴とその変化を捉え、日本で圧倒的に激しくまた多くの人権侵害が起こってきた背景について考えてきた。霊感商法や巨額献金をさせるなどの人権侵害が広く激しく行われるようになったのは、1980年代から90年代初めにかけてのことだった。だが、そのような事態を引き起こす教団活動の様態はすでに最初期の50年代から70年代までに形成されていた。

まず注目すべきは、この新宗教教団は韓国での発生の初期から政権と深い関係をもち、それによって得られる便宜をもって米日両国への伝道も進めていったということである。「勝共」という政治理念を強く押し出すことによって韓国政権の支持を得、その政治力を後ろ盾にして米国と日本へ進出した。どちらの国でも最初期からその国の政治家との関連が深く、信徒数があまり多くない段階で政界工作的な活動を行っている。

このように成立すぐ後の段階から政権の後ろ盾を得て、自国での基盤を打ち立て、信徒獲得活動にはげむようになるという新宗教の例は他に聞いたことがない。植民地の宗主国が植民地化していく土地の支配層を抱き込んで上から宗主国側の宗教を浸透させていくという事態はしばしば起こっている。これに対して、その地域で発生した新宗教が早くから政治支配層に食い込み、政治的な力の一端を担うようになるというのはあまり例がない。統一教会の場合、教団発足後数年という早い段階で、韓国の軍部に有力な支持者グループが生まれたという特殊な展開があった。その前提として、ソウル大学で医学を学んだ劉孝元や、梨花女子大学の教員でキリスト教神学にも通じていた金永雲のような知的能力の高い信徒が発足時から従っていたという事実がある。早期に社会的地位の高い層の人々が教祖の側近的な支持者となったのだ。

教団成立の早期における政治工作の始まり

朴普熙を筆頭に有能な若手軍人数人が教祖の意のままに動く信徒となったのも発足後数年のことである。それは、反共を旗印として1961年に軍事クーデターで朴正熙らのグループが政権を奪取する時期の直前だった。フレイザー委員会の調査によると、韓国陸軍の若手軍人信徒らは、その軍事政権で朴正熙を支える若手軍人の中心的存在で、KCIAの創設者となる金鍾泌と近い関係にあったとされる。

本章の第2節ですでにあらまし述べたことだが、『淫教のメシア　文鮮明伝』(萩原遼、1980年)によって今一度、見ておく。

報告書はいう。/「1950年代末に、4人の英語を話す韓国陸軍の青年将校が、文鮮明のお告げを好意的に受け入れた。のちにこれらの将校はすべて1961年以後の韓国政府との重要なコネを提供することになる」/同報告書は、4人の将校の入会を1950年代末としており、正確な年を書いていないが、1955年7月の破廉恥な事件による逮捕のあとであることはたしかである。/1961年5月には、よく知られているように朴正熙や金鍾泌ら韓国軍内の諜報部門にいた軍人たちを中心にクーデターがおこり、朴軍事政権が出現する。軍事政権の支えは、このクーデターの1ヶ月後に軍の諜報機関であるCICのメンバーを中心に創設された韓国中央情報部、すなわちKCIAであり、その初代長官が金鍾泌であった。この権力の中枢にさきの4人が深い関係をもち、統一協会とKCIAを結びつける接着剤の役割を果たすのである。／朴普煕は元韓国軍の諜報部員。金鍾泌も同じで、両者の関係は、軍の階級の違いはあっても任務においては同列である。（85頁）

萩原が典拠としているフレイザー委員会の「報告書」は『韓米関係の調査』だ。萩原は日本共産党中央委員会発行『世界政治資料』（1979年2月上旬号、53頁）から引用しており、原資料のページ数を示していないが、ここで引かれているのは『韓米関係の調査』の354頁である。

統一教会側はフレイザー委員会の調査結果に反論し、KCIAとの関係を極力否定しようとしてきており、朴普煕の『証言』もその意図を反映したものだが、『韓米関係の調査』は朴普煕の委員会に対する証言を多く引用しており、欧米諸国ではこの報告書は日本よりも強い信頼性をもって受け入れられてきた。フランスでは1995年に国民議会調査委員会の報告書（いわゆるギュイヤール報告書）がまとめられているが、そこでセクト的団体の危険性ついて10の基準を設定している。その一つに「公権力への浸透の企て」がある。これは韓国と米国での統一教会の事例によって提示されたものであろう。

日本で弱かった「公権力への浸透」の認識

実は日本においても、あるいは日本においてこそもっとも長期にわたって統一教会の「公権力への浸透の企て」がなされ続けてきたが、その認識が日本では弱かった。全国霊感商法対策弁護士連絡会や一部のジャーナリスト、そして日本共産党がその危うさを指摘してきていたが、公共空間で広く認識されることがなかったのだ。『韓米関係の調査』の内容が広く紹介、報道されたり、学問的に検討されたりすることがなかったことが、その大きな要因である。だが、その背後には批判的な報道や学者らを脅かす統一教会の圧力があり、そうした宗教教団の攻撃的活動が容認されてきたという背景がある。

これについては、1980年代の副島嘉和襲撃事件や赤報隊事件などを例に、拙編著（島薗進、2023年）の第1章「統一教会による被害とそれを産んだ要因」（島薗執筆）で今後の調査研究のために一つの手がかりを提示している。統一教会が政府や政治家や政党の力を頼りにし続け、それによって守られていた経緯の一端も同書の第2章「統一教会と政府・自民党の癒着」（中野昌宏執筆）で述べている。政府や政治家や政党が宗教団体を利用するとともに利用されることで何が生じたのか。米国、韓国、欧州諸国など日本以外の多くの国々では、コリアゲート事件とフレイザー委員会の調査によって、「公権力への浸透の企て」の危うさについての認識が深まり、統一教会の攻撃的な活動について政治的、社会的な抑制力が働いたと考えられる。

これに対して、日本では統一教会と政治家のもたれ合いは強い批判と社会的抑制を受けることなく、長期にわたって続くことになった。ここで私たちはこの章の冒頭に掲げた問いに戻ることになる。なぜ、日本ではこれほどまでに多くの被害が長期にわたって続いてきたのだろうか。反共を掲げ強引な伝道を行おうとする統一教会だが、米国や欧州諸国では、その宗教活動と政治的活動に対する批判的言説を抑えつけることができなかった。しかし、日本ではそれが可能だった。それもあって、日本では早くから信徒の獲得が順調に進んだ。信徒数が多く政治工作もしやすかったことによって、日本の統一教会は60年代から70年代に至るまで順調に勢力拡充を進めることができた。

資金源と位置づけられた日本

他方、米国や韓国ではベトナム戦争の終結時に、反共政権の力が後退すると統一教会への批判が高まり、伝道が停滞していく。政界工作や社会的キャンペーンもあまりうまくいかなくなる。80年代に入ると米国で文鮮明の脱税容疑が深まり、裁判が進みやがて13ヶ月の入獄を余儀なくされることになる。しかも米国や他の諸国での政界工作や社会的キャンペーンのための費用もこれまでにも増して必要になってくる。１９７４年に世界平和教授アカデミーが日本で発足したことからもわかるように、統一教会の世界的な勢力拡大戦略の中で日本の役割がますます大きくなっていく。

こうした中で、教団の世界戦略上の日本の位置が定まってくる。『統一教会——日本宣教の戦略と韓日祝福』（櫻井義秀・中西尋子、２０１０年）は以下のように述べている。

> 日本は人的・資金的資源の宝庫であり、宗教・経済活動は共に社会的統制を受けないので事業の収益性が高い。競争力はあるが、統一教会の摂理上、日本の教会や信者の価値は認められていない。教会の基盤整備や人材育成の先行投資は認められず、金のなる木として利用されるままである。このことに不満を持つ信者や批判的な幹部もいるが、保身を図るものが大半であり、不満を抱いた分派（現地法人の独立とも考えられるが、禹グループ、天宙統一真の王国連合、氏族教会＝第四イスラエル研究会等）も教勢拡大の兆しはない。／韓国では、教勢誇示のために様々な事業展開がなされ、韓国経済（事業部門の雇用創出やリゾート開発等）や地域福祉（花嫁斡旋業）にも貢献している。経済的な収益性とは関係なく、日本からの資金が続く限り事業は継続されるが、資金の枯渇が命取りである。／アメリカは世界宣教の戦略上、要の位置にあり、文鮮明一家が長らく居住した土地でもある。種々の政治的ロ

ビィング活動に資本投下しているが、アメリカ社会ではカルトとして認知されるにとどまる。但し、ワシントンタイムズ（朴普煕が1982年に創刊——島薗注）を通じてアメリカの政界や、国際宗教自由連合等を通じて宗教研究の学会に部分的であれ、影響力を行使している。／その他の国々は世界宣教のために宗教・政治団体の事業部門が置かれているだけで、宣教師の活動は根づかず、本部からの資金送付が途絶えた時点で事業は終了するしかない。（156〜157頁）

このような教団戦略上の日本の位置づけは、1980年前後に確定していったと思われる。米国・韓国では政界との関係が当初はよくなかった80年代だが、日本では82年に中曾根政権が成立し、スパイ防止法制定に向けた運動（1978年〜）などで統一教会と政権の関係は一段と深くなる。米国でもレーガン政権（1981〜1989年）との関係は良好だったが、文鮮明の入獄の時期（1984〜85年）でもあり、米国社会の統一教会に対する眼差しは甘いものではなかった。これは日本で霊感商法が案出され、盛んに行われていく時期と一致している。一部のジャーナリストやキリスト教会関係者、日本共産党関係者などの先駆的な批判活動はあったものの、日本の政府・与党はもちろん、宗教学者や政治学者をはじめとする学術関係者も、日本からの収奪が構造化されていったこうした事態の展開を視野に入れて統一教会の活動を捉え、それへの批判を展開することがなかったのだ。

このように日本を主要な資金源とすることで、統一教会はキリスト教色を弱め、日本の宗教文化に即した信仰を強調するようにもなった。90年代半ばに「先祖解怨」を強調するようになるのはその一端だ。日韓双方の宗教文化には死者慰霊や死霊との交流に重きを置く傾向があるが、その要素が取り込まれていく。これは欧米の経済的に豊かな国々ではあまり関心をひかない信仰要素である。また、主流派のキリスト教徒からは異端としての烙印を押されやすい特徴にもなる。韓国でもキリスト教から離れていくことで、政治的社会的影響力を失うという側面は大きかったはずだ。それでも日本（やアフリカなど）の信徒を増やし、そこを資金源とするという方向へと展開していったと捉えることができる。

【参考文献】

有田芳生『「神の国」の崩壊——統一教会報道全記録』教育史料出版会、1997年

金永雲『統一神学』古田武士訳、光言社、1988年

郷路征記『統一協会マインド・コントロールのすべて——人はどのようにして文鮮明の奴隷になるのか?』花伝社、2022年、初刊、1993年

櫻井義秀・中西尋子『統一教会——日本宣教の戦略と韓日祝福』北海道大学出版会、2010年

佐藤達也「世界平和教授アカデミーの正体」『現代の眼』第19巻第4号、1978年4月

島薗進編『政治と宗教——統一教会問題と危機に直面する公共空間』岩波書店、2023年

世界基督教統一神霊協会編『原理講論』光言社、１９６７年
副島嘉和・井上博明「これが『統一教会』の秘部だ――世界日報事件で『追放』された側の告発」『文藝春秋』１９８４年7月号
茶本繁正『原理運動の研究』晩聲社、１９７７年
日本歴史編纂委員会編『文鮮明先生の日本語による御言集　1』光言社、２００２年
萩原遼『淫教のメシア　文鮮明伝』晩聲社、１９８０年
日隈威徳『統一協会＝勝共連合とは何か』新日本出版社、２０２２年、初刊、１９８４年
同『現代宗教論』白石書店、１９８３年
福田信之／M・A・カプラン／李恒寧編『文鮮明・思想と統一運動』善本社、１９８７年
朴普熙『証言』上・下、世界日報社、１９９７年
同『文鮮明師こそ共産主義崩壊の仕掛人――ワシントン・タイムズの創始者が採った戦略とは!?』世界日報社、２００６年
同『文鮮明師の電撃的な北朝鮮訪問――第2次朝鮮戦争を阻止せよ！』世界日報社、２００３年
同『文鮮明師が演出した「レーガン地滑り的大勝利」――1％の可能性に賭けた文鮮明師の戦略とは!?』世界日報社、２００４年
文京洙『新・韓国現代史』岩波書店、２０１５年
山口広『検証・統一教会＝家庭連合　霊感商法・世界平和統一家庭連合の実態』緑風出版、２０１７年、初刊、１９９３年
李相憲『共産主義の終焉』統一思想研究院、１９８４年

【ウェブサイト資料】
「第80回国会衆議院法務委員会　第8号 昭和52年4月6日 議事録」https://kokkai.ndl.go.jp/#/detail?minId=108005206X00819770406¤t=13
「世界平和統一家庭連合」　https://ffwpu.jp
「統一教会の信者数」あなぐると　https://set333.net/mymap/moon/
「窓口別被害集計」全国霊感商法対策弁護士連絡会　https://www.stopreikan.com/madoguchi_higai.htm
United States. Congress. House. Committee on International Relations, *Investigation of Korean-American Relations: Hearing Before the*

Subcommittee on International Organizations of the Committee on International Relations, House of Representatives, Ninety-Fifth Congress, 1977–78（『フレイザー委員会 韓・米関係調査』） https://onlinebooks.library.upenn.edu/webbin/book/lookupid?key=olbp60036

第6章 統一教会における家族・結婚・性
――金光教の立場から考える

藤本 拓也

1 政治活動と一体化する宗教実践

旧統一教会（以下、統一教会）は、「世界平和統一家庭連合」という現在の名称が示すように、家族に特別な意味を込めている。それに関わって、結婚と性の領域も、教義面と宗教実践の双方において、さらにはその政治活動のレベルにおいても、きわめて重要な位置を占めている。「家族・結婚・性」は絶対視されているといってよい。

90年代前半に世間の耳目を集めた合同結婚式は「祝福（祝福結婚）」と呼ばれ、統一教会の救済の中核をなす宗教実践である。教祖の文鮮明＝「真の父母様」は、信者たちの写真でふさわしいと直感した男女をマッチングし、出身国や言葉が違っても次々と結婚させていった。相手が決まると、信者には写真、経歴書が届き、初めて自分の結婚相手を知ることになる。実際に会うのは結婚式直前とされる（櫻井義秀・中西尋子、2010年、櫻井義秀、2023年）。

文鮮明の司式による「祝福結婚」、「祝福2世（神の子）」の出産、神に「絶対服従」する「祝福家庭」での子育て、男性優位の家族主義、厳格な性道徳（純潔・貞節）など、統一教会の宗教実践において性的な事象はタブー視されているかに見える。けれども実際には、男女の生殖器を「神の至聖所」と見なす〝性器崇拝〟や男性の「種」の神聖視など、性的な事柄への異様なこだわりを示す言説が教義上にちりばめられている。信者の性的領域は、教団の性規範によって抑圧されつつ、一方で教義の核心として、宗教実践に向けてコントロールされているといえる。現に、文鮮明の思考において、性の領域は主問題をなし、性に関わる言辞は数多く残されているのである。

たとえば、人間の創造について、神は「生殖器を表象して男性と女性を造り」、人間を「繁殖のために創造した」と語られる。また、「男女の生殖器官は…神様も侵犯することのない尊い礼物」と意味づけられている（文鮮明、2000年）。

夫婦の性行為については、「妻であれ、夫であれ、『愛しましょう』といえば、いつでもOKしなければなりません。…『私は疲れています。嫌です』と答えることはできない」と説かれ（文鮮明、２００２年）、男女の結合が「地上天国」の出発点と教えている。

性道徳については、『創世記』第３章に描かれたアダムとエバの楽園追放を「淫行」が原因と解釈し、現代の「性の自己決定」を〝性的放縦〟と捉えている。しかもそこには、強烈なホモフォビア（同性愛嫌悪）が伴っている。すなわち、「フリーセックスやホモセクシュアル、レズビアン・ムーブメントなどのすべてのものは、人間の権利と人間の権威を破綻させる一つの行動にすぎません」、「近親相姦関係を中心としたフリーセックス、ホモセクシュアル、レズビアンなどが、『亡国の種』となって滅亡の世界に至るので、これに対して、神様が最後の鉄槌を下したものがエイズです」（文鮮明、２００２年）など、「性の自己決定」や同性愛を攻撃し否定する言葉は数え上げればきりがない。

統一教会が理想とする家族とは、祖父母・父母・子女の三世代が同居する家庭であり、これは、堕落前のアダムとエバに神が望んでいたものとされている。神が望む理想的家庭像が提示され、それが実現されるべく、「乱れた性秩序」を「本来的」な男女関係のありようへ戻すことが目指されているのだ。

キリスト教系新宗教としての統一教会に特徴的なのは、聖書に記されたさまざまな事柄を、一貫して性的な視点から解釈し、それを教義的に位置づけ、宗教実践のみならず政治活動をも生み出している点である。つまり、教義と密着した性道徳が、男女共同参画批判（反「ジェンダーフリー」）、性教育批判、女性の「性と生殖に関する健康と権利（リプロダクティブ・ヘルス・ライツ）」批判、夫婦別姓制度批判、同性愛・同性婚（同性パートナーシップ制度）批判に直結し、「家族・結婚・性」をめぐってバックラッシュ（反動）を繰り広げているわけである。

近年では特に、性的少数者の権利保護の法的整備に対する批判を強め、地方自治体で広がっている同性パートナーシップ制度に関して、機関誌『世界日報』が反対論を展開している。「パートナーシップの拡大をテコに、同性婚の合法化を実現させようとするＬＧＢＴ運動は、日本を内から弱体化させるトロイの木馬」（世界日報ＬＧＢＴ問題取材チーム、２０２２年）と見なされ、同性愛・同性婚のせいで家族が崩壊すると危機感を煽っているのである。こうしたバックラッシュによって志向されるのが、「男らしさ／女らしさ」の本質論と男女性別役割、家父長主義的な〝伝統的家族〟なるものの復権である。保守的家族観を地方自治体や国政に宣布する政治活動が、教義に裏づけられた宗教実践と重なり合っているのだ。

現時点でも、従来の「勝共思想」は堅持され、日本共産党といった〝共産主義勢力〟への攻撃は続いている。だが、冷戦崩壊後、〝共産主義勢力〟が後退した現在の「勝共」とは、彼らが「文化共産主義」と呼ぶリベラル派の知識人やメディアに対する批判である。家族や性に関わるリベラル的価値観（人権擁護の姿勢）は、「フリーセックス思想」に基づく「性革命」であり、これに対抗する「文化戦争」という名のバックラッシュが現在形の「勝共思想」になっている。

そこで標的にされているのが「家族・結婚・性」の領域なのだ。

以上を整理すると、統一教会に内在する男性優位の家族主義や性道徳は、内面的信仰の範疇を超え、バックラッシュという政治活動の形態をとり、しかもそれ自体が宗教実践の一つをなしていると理解するのが妥当だろう。

2 『原理講論』に見る「家族・結婚・性」

本節では、聖書を独自に解釈した統一教会の教典『原理講論』から、「家族・結婚・性」にまつわる教義を確認していきたい。

キリスト教において、原罪は、イエスの十字架上の死によってあがなわれたとされている。また、キリスト教の教派の多くは、エデンの園からのアダムとエバの追放を、人間の罪性を象徴する物語と解釈している。一方、福音派などのキリスト教右派は、聖書を逐語的に信じ、実際に二人が「善悪を知る知識の木の実」(禁断の果実)を取って食べたことを原罪の由来にしている。それらに比して、『原理講論』が特異なのは、「善悪を知る木」はエバを象徴し、「木の実」はエバの貞操であり、これを取って食べるのは肉体関係=「淫行」を意味していると捉えている点だ。すなわち、サタンとエバ、エバとアダムは「淫行」を犯したせいで堕落し、原罪が生じたと説くのである。この「堕落論」の内容を、簡単に追ってみよう。

6000年前に、アダムとエバの養育係として二人の成長を手助けするために創造された天使長ルシファー（サタン）は、まだ幼かったエバを誘惑し「木の実」を食べさせた。つまり、性的関係を結んだのである（霊的堕落）。ルシファーと「淫行」を犯して堕落したエバは、アダムを誘惑し、「木の実」をアダムにも食べさせる。要するに、サタンの「種」を与えられたエバは、アダムと性的関係をもち、アダムも罪の中に巻き込んでしまう。エバとの「肉的堕落」によって、アダムは「サタンの息子」となり、「サタンの血統」へ変えられた。エバは、サタンとアダムを「偽りの父子関係」にしてしまったのだ。

こうして、霊肉の堕落を通して、エバの「サタン的要素」を、アダムもそのまま血統として受け継ぐことになる。「種」であるアダムも堕落したゆえに、原罪は子々孫々に遺伝し、ついには、全人類が「神の血統」から「サタンの血統」へ変わってしまった。サタンとの「父子関係」が確立されたのである。したがって、原罪とは、人間が「サタンの血統」を相続していること、つまり「血統的な罪」を意味するのだ。

二人の堕落から4000年後、神は、無原罪のイエス・キリストを地上に遣わした。その理由は、イエスが結婚して無原罪の「神の子」を〝繁殖〟し、「サタンの血統」を「神の血統」へ転換するためである。ところが、イエスは、家族をつくって子孫を残す前に殺されてしまい、人間を救済する神の計画は失敗してしまう。そこで神は、イエスの死から2000年後に、無原罪の救世主・メシヤ・再臨主たる文鮮明を派遣したのである。

統一教会において救済は、「サタンの血統」から「神の血統」への「血統転換」によってなされる。その手段が、文鮮明が指定した人物との「祝福結婚」である。夫婦になった男女は、原罪が清算され、無原罪の「神の子（祝福2世）」をもうけ、「祝福家庭」が形成される。そして、全人類が「祝福結婚」をし、「神の血統」に連結して、子女を〝繁殖〟させ、「地上天国」を建設すること、これが、統一教会の究極的な目標なのだ。

それゆえ、結婚と生殖が神聖視され、性的な事柄が過度に強調されるわけである。原罪が、性的関係と生殖により、血統となって遺伝しているため、「祝福結婚」で原罪が清算されるまで純潔を守らなければならない。加えて、子どもを〝繁殖〟しない独身者や同性愛者は天国には行けないとされている（文鮮明、2000年）。

統一教会の教義における性的な要素は、神観にも見出される。『原理講論』は、「陰陽二元論」を神にも適用し、神自体の中に、男女両方の性質があると述べている。「神の似姿」＝人間が男女両性であるがゆえに、創造主＝神も、女性性と男性性の二性を有する「中和的存在」とされ、神は「天の父母様」と呼ばれている。「天の父母様」はまた、喜び悲しむ心情をもった親神である。人類に「サタンの血統」が受け継がれ、この世はサタンが支配する世になったせいで、アダムとエバの堕落以来、神は人間の堕落を悲しんでいる。したがって、神の「恨」(悲しみ、無念)を解怨しなければならない。神の「恨」を解ける唯一の方法は、「神の子」の〝繁殖〟である。それを見て神は喜び、「恨」が解かれ、〝悲しみの神〟は〝喜びの神〟へ変わるのだ。

「神の血統」を相続した「祝福家庭」にふさわしい性道徳には、神の願いが関与しているために、男女性別役割や異性愛規範が絶対的に価値あるものとなる。こうした教義に根差した性道徳がいわば政治化して、2000年代日本の政治の舞台に登場することになる。教義の裏づけがある限りで、反フェミニズム、反「ジェンダーフリー」、反同性婚といった保守的イデオロギーは、宗教的な理想世界の実現に直結するのである。神道系・仏教系の他の宗教右派も〝伝統的家族〟重視を掲げるが、それらと統一教会との決定的な違いは、教義そのものが、規律化された性のありようを要請している点にあるといえよう。

3　文鮮明の説教に見る「家族・結婚・性」

家族に関する統一教会の教義には、近親倫理を中核とする韓国社会の儒教倫理の影響が強い。

文鮮明自身も、「敬天、孝行、忠孝、礼節」などの儒教倫理が韓国の民族的精神性であり、これが神に選ばれた韓国の特徴と述べている（文鮮明、1989年）。

儒教の影響は、男尊女卑的な性格を濃厚にもつ文鮮明の女性観にも反映している。たとえば、「エバがアダムを堕落させたために、女性は、神様が100パーセント信じることができない立場」であり、「女性が先に罪を犯した」のだから、「女性たちは堕落したエバ」とされる（文鮮明、2000年、2015年）。人類を堕落させたエバはアダムより罪が重いのだ。ここから、女性（エバ）は「夫が100パーセント信じることができる立場」（文鮮明、2014年）において、男性に仕えるべしという女性の役割も導き出されてくる。

たとえば、「苦労した夫のために精誠を尽くしながら料理をする、その瞬間が女性の幸福…精誠の限りを尽くして作ったものを、愛する子女と愛する夫がおいしそうに食べるのを見つめる、そこに母親の幸福がある」（文鮮明、2014年）といわれ、夫と家族に尽くし自分を犠牲にする女性（妻・母親）が理想化される。統一教会の利他心とも呼びうる「為に生きる」は、「見返りを期待せずに、与えたことさえも忘れ、さらにまた与え続ける」奉仕であるが、一面でこれは、エバと規定された女性たちに自己犠牲を強いる教説となっている。「エバ国」＝日本の女性たちによる「アダム国」＝韓国への高額献金といった社会問題も、信仰的な自己犠牲「為に生きる」に裏書きされている限りで、教義自体が倫理上の問題をはらんでいるわけである。

では次に、女性たちが置かれた立場に着目しながら、「祝福結婚」と夫婦の性生活が宗教実践としてどう語られているか、文鮮明の〝宗教思想〟を確認していこう。

結婚で最も重要なのは、結婚直前の聖酒式である。それは、聖酒を飲み「原罪を清算する儀式」だ。聖酒は「父母様の血」とされ、聖酒式によってメシヤ文鮮明の血が体に入り「血統転換」が実現する。まず、文鮮明から渡された酒杯の半分を女性が飲み、次に女性が男性に杯を渡すのだが、酒杯が受け渡されていく順序は宗教的な意味をもっている。すなわち、「霊的堕落」を清算するために最初に女性が飲み、「メシヤの妻」の立場となり、続いて、「肉的堕落」を清算するために、女性を通して男性が飲むわけである。「女性が先に堕落したので、女性が先に復帰され、男性を再び産むようにする過程を内的に通過する式が聖酒式」（文鮮明、１９９８年）なのだ。

１９５０年代、統一教会が宣教活動を始めた当時、女性信者が「血統転換」をするべく、「血分け」と称した文鮮明との性交が行われたのではないかといった疑惑がもたれた。ここにあるのは、無原罪の文鮮明と性交を行い、汚れたサタンの血を交換することで純血の血統が相続される、という考え方である。要するに、メシヤの血を、性交を介して分け与えるのが「血分け」である。統一教会を脱退した古参信者によるいくつかの証言は存在するものの、「血分け」が実際に行われていたかに関して確たる証拠は今のところない。もっとも、聖酒式は、文鮮明から女性へ、女性から男性へと酒杯が酌み交わされる点から、「血分け」を象徴的に示していると指摘されてもいる。「血分け」を受けた女性が、次に自身の配偶者となる男性に杯を渡すプロセスは、文鮮明の「霊的種」を受けて浄化された「神の血統」が、配偶者との交わりで子孫へ伝わるという、性的結合の象徴と見られるからである（櫻井義秀・中西尋子、2010年、古田富建、2018年、櫻井義秀、2023年）。

さらに、「祝福結婚」の後には、男女が3日かけて行う肉体関係の順序と方法も決められている。「三日儀式」と呼ばれるこの儀式では、文鮮明と妻の韓鶴子（現総裁）の写真に祈りを捧げ、聖歌を歌い、塩をまくなど、いくつかのプロセスを経て夫婦が肉体関係をもつ。特に注目されるのは、結婚初夜と2日目は女性上位、3日目は男性上位と体位が定まっている点である。これについては、次のような宗教的意味づけがなされている。

統一教会の世界的な秘密とは三日行事です。二度までは妻が上で愛します。…結婚の初日に愛の関係を結ぶとき、女性が天の方に上がっていきます。…三度目に、初めてひっくり返すのです。（文鮮明、2015年）

エバは、結果的にアダムの命を奪いました。ですから、エバがアダムを生まなければな

りません。…それで女性が上に上がっていき、母の役割をするのです。(同右)

文鮮明が再臨する時代までアダム、イエスと三代をかけたため、女性(エバ)には「三代にわたる出産の使命」があり、「再臨時代の三代目(3日目)になって、初めて男性が夫の立場」になる(文鮮明、2015年)。つまり、1日目に、女性(メシヤの妻)を通して、男性が「罪なきアダム」の立場に生み直され、2日目に男性は成長した立場になり、3日目に男性が上位となって、男女は夫婦になる。女性は「母の役割」を果たし、男性を「メシヤの息子」に新生させ、神と人間の「父子関係」が復帰するのだ。

文鮮明は、男女両性に上下関係はないと述べるが、実際に示される「男性的要素/女性的要素」は、家父長的な儒教道徳とほぼ一致し、男性優位の家族主義の性格をもつ。これに関連して興味深いのは、男性器と「種」=精子へのこだわり、ある意味での神聖視である。このことは、「血分け」の性的儀礼において文鮮明の「霊的種」が女性に分け与えられるという発想を想起させるものである。ともあれ、「天の父母様」は、「偽りの種で腹中に宿された子どもを見ながら、悲惨に感じている」ので、サタンから受け継いだ「偽りの種」による「血筋を浄化」し、「神様の種を受け継いだ繁殖」をしなければならない(文鮮明、2015年)。いわば、サタンの「種」=精子の除去が、「祝福結婚」の主目的になっているのだ。

また、血統は男性の「種」を通して遺伝されると捉えられ、生殖器で重視されるのも男性器の方である。文鮮明は「父子関係こそ、あらゆる関係の中で最高、最上の関係」（文鮮明、２００６年）と語り、男性器について、たとえば以下のように説いている。

男性の生殖器は縦的になっていますか。…縦的な基準を備えたすべてのものは神聖だというのです。（文鮮明、２００２年）

男性たちの生殖器は縦的なものと横的なもの、二つがついているのです。それが宇宙を代表するのです。それゆえに、生命の種は男性から、生命の根源は男性から出てくるのです。（同右）

さらに、「種が植えられる」女性器に関しては、次のようにいわれている。

人間の生殖器は、限りなく神聖な所です。生命の種を植える生命の王宮であり…（文鮮明、２００６年）

お母様の腹中に入っていって、先生とお母様が愛する位置で一体化しなければなりません。…羊膜と胎盤の本宮になっているその器官を通して一つとなり…。（文鮮明、２０１４年）

要するに、「種」が継承される性的結合は宗教的に重要な意味をもつため、「限りなく神聖な」生殖器を維持する純潔主義が規律化されるのだ。

一方、「堕落したので、フリーセックスの先祖はアダムとエバ」（文鮮明、２００２年）、「堕落は、フリーセックスの根となり、利己的個人主義の祖」（文鮮明、２００４年）といわれ、アダムとエバの〝性的堕落〟が現代の「フリーセックス」につながると考えられている。また、二人が「フリーセックス・シード、すなわち不倫の性関係の種を植え」たせいで、〝性秩序〟が乱れ、「ホモ、レズビアンという群れが出てきて」しまったとも語られる（文鮮明、２００４年）。「ホモセックスのようなものは、本然の価値を失った人間たちの狂乱」（天宙平和連合編、２０１５年）なのだから、「フリーセックス、ホモといった青少年倫理の堕落」は純潔教育によって克服されなければならない（文鮮明、２０００年）。そして、「フリーセックス」を広め、「性革命」を実現させたのがフェミニズム＝〝家族破壊思想〟であるがゆえに、「家族の価値」尊重という名のもとで、フェミニズムやジェンダー平等に対する「文化戦争」が実行され、女性や性的少数者を抑圧するバックラッシュを引き起こしているのである。次節では、その実態を確認していこう。

4 「家族・結婚・性」への政治介入

2000年代前半から半ばにかけて、男女共同参画、性教育、性的少数者の権利擁護などの政策が、家族を破壊するものと批判され、〝伝統的家族〟を復古させようとするバックラッシュが日本社会に登場した。統一教会も、「ジェンダーフリー」が「男らしさ／女らしさ」の崩壊を招く、性教育のせいで性道徳が乱れると主張し、地方自治体のジェンダー平等政策への介入を開始した。

当時、統一教会の機関紙『世界日報』は、「男女共同参画社会の理念を実現するため、と称して学校で進められる性教育」は、「家族の亀裂を招き、フリーセックス思想を蔓延させようとしている」と論じた。ここでいわれる「フリーセックス思想」とは、「婚前・婚外交渉、同性愛容認」であり、「伝統的な一夫一妻制度を崩す」ものとされる。また、「子どもをもつかもたないか」「結婚するかしないか」「避妊の有無」といった女性の「性と生殖に関する健康・権利」は、同性愛の権利擁護につながる「性の自己決定」であり、それらも「快楽の性」を称揚する「フリーセックス思想」と見なされた。男女共同参画（ジェンダーフリー）の思考は、〝伝統的家族〟を軽視するとして攻撃され、「伝統的な性別役割分業を尊重」すべきと語られていたのである（山本彰編著、2006年）。

統一教会と『世界日報』が本格的にバックラッシュに関わるきっかけになったのは、2003年に宮崎県都城市が策定した「男女共同参画社会づくり条例」に対する反対運動とされる。この条例は、「性別又は性的指向にかかわらずすべての人の人権」を尊重すると謳い、性的少数者の権利擁護を明文化した全国初の条例であった。『世界日報』は「性的指向にかかわらず」との表現に危機感を覚え、現地に何度もおもむき、さらに、統一教会関係者による保守派市議への働きかけや反対のビラ配りなど、激しい反対運動を実行した（斉藤正美・山口智美、2012年）。『世界日報』には、条例を批判する記事が多数掲載され、条例が通れば「全国から同性愛者が集まる〝同性愛解放区〟になりかねない」、「同性愛者が、同市にたむろするようになる可能性が高い」と主張した（山本彰編著、2006年）。この反対運動以降、統一教会のバックラッシュは、「草の根保守運動」として展開するのである。

2006年には、男女共同参画センター機能をもつ福井県生活学習館で、フェミニズムやジェンダーに関連する書籍約150冊が、「家族や夫婦の関係を軽視」「シングルマザーや離婚を肯定」「過激な性教育」などと抗議を受け、書架から撤去される事件が起きた。行政に苦情申し立てをしたのは、県の男女共同参画推進員を務める統一教会関係者の男性（稲田朋美衆議院議員の応援を得て、2015年から福井市議を務めている）で、県議に行政職員への働きかけを依頼したのだ。その後、撤去された書籍の著者である上野千鶴子・東京大学教授（当時）らが、福井県を相手取った対抗活動を行うことになる。また、『世界日報』編集委員としてバックラッシュ記事を多数執筆し、統一教会広報局長も務めた人物（現在、統一教会の関連団体「世界平和連合富山県本部」「富山県平和大使協議会」の事務局長）は、2006年から2008年まで富山県の男女共同参画推進員となり、同県砺波（となみ）市の男女共同参画の講座の内容を変更させていた。このように、統一教会の地方自治体への政治介入は、福井でも富山でも、統一教会関係者が推進員に応募し、地元の政治家に働きかけて政策変更させるという、男女共同参画制度を利用した妨害方法が用いられていたのである（斉藤正美、2012年、2022年）。

さて、では次に、家族や性に関わる政策についての統一教会の政治イデオロギーはどのようなものかを、『世界日報』と、統一教会の関連団体「平和政策研究所」の記事に確かめていこう。

「『家庭教育支援法』は必要だ」（2016年11月8日付）では、「学校教育の成果を挙げるには、家庭が健全育成の基盤となっている必要がある」、「家庭において両親、兄弟、祖父母などと織り成す人間関係や近隣の人々との関わりから、高い倫理観や道徳心、利他主義が育まれ、公民（国民）が生み出され…そこから安定した社会や国家が形成される」と述べられている。『世界日報』は、三世代同居を理想的な〝伝統的家族〟と捉え、道徳は家庭で育まれるとし、これを「家族の価値」として称揚する。ゆえに、行政による家庭教育支援が支持されるのである。家庭教育が国民形成に通じるといった家族国家論的な立場から、以下に見るように、「夫婦別姓制度」は家庭を壊すという論拠も導かれることになる。ちなみに文鮮明は、「理想家庭」を基盤に、氏族、民族、国家、世界が統一・救済されると説き続けていた（文鮮明、２０００年など）。

「『夫婦別姓』の反対理由――『選択』で家族に軋轢」（２０２２年5月31日付）では、「現在の制度では、両親と子は同じ姓になる仕組みで、姓は『家族の呼称』である。しかし、夫婦別姓は、家族の姓をもたない家族を認めることで、姓は『個人の呼称』になる。…家族の呼称で象徴される家族単位の社会を大きく変容させてしまう」と記されている。

また、平和政策研究所の「家族保護のための民法改正への提言」（２０１５年10月1日発行）では、『氏』は『家族』の呼称といえる。『氏名』とは…『家族共同体』に属する一員であることを表している。日本は同氏同一戸籍という戸籍制度によって、家族の一体感や社会秩序が安定的に保たれてきた」。そして、「選択的夫婦別氏制度の導入」は「婚姻・家族制度の形骸化を促し、社会を『家族』単位から『個人』単位に変えようとするフェミニズムのイデオロギー的要請に基づくものといえる」。日本は、「家族からの『解放』を求めるフェミニズムを無批判に受け入れてきた」と主張し、フェミニズムに対する反発を示している。

ところで、血統を神聖視する統一教会の家族観は、宗教性を薄めた仕方で、同性婚や同性パートナーシップ制度への批判に反映されてもいる。

先述の都城の事件から約10年後、２０１５年の「渋谷区パートナーシップ条例」が可決されようとする際には、『世界日報』は条例を攻撃する記事を続々と掲載し、統一教会の信者がチラシを配布・街宣するなど、大々的に反対運動を展開した。『世界日報』は、「条例が制定されれば、同性愛者にやさしい街というので、全国から同性愛者が移住してくるに違いない」、「渋谷区がわが国の同性愛者の『約束の地』にされる」（森田清策・早川俊行編、２０１５年）と警告し、都城での反対運動と類似した突飛な想像力を発揮した。渋谷区の条例可決以降、全国に広がったパートナーシップ制度に対する『世界日報』の攻撃はますます過激になり、反対の特集が組まれ、書籍『揺らぐ「結婚」――同性婚の衝撃と日本の未来』（２０１５年）、『「ＬＧＢＴ」隠された真実――「人権」を装う性革命』（２０２２年）も発行している。反ＬＧＢＴＱ・反同性婚のバックラッシュは、都城の事件以来、一貫して続けられている主要な政治活動と見てよいだろう。

たとえば、「都ＬＧＢＴ条例案、家族破壊に利用される」（２０１８年9月30日付）では、性的少数者への差別を禁止する「ＬＧＢＴ運動」は、「男女の区別や家族制度を支える性倫理・道徳を壊すことを狙う」と警鐘を鳴らしている。また、「同性パートナー制度――『性』を混乱させて危険だ」（2020年4月17日付）では、パートナーシップ制度が「さらに広がれば、性秩序が乱れて一夫一婦の婚姻制度の維持が難しくなる」と語られている。

「パートナーシップの陥穽――性のアナーキー状態への一歩に」（2022年6月11日付）と題された東京都のパートナーシップ条例に対する批判記事では、「『自称トランスジェンダー』が出現」、「『バイセクシャル』と偽って、制度を利用するケース」など、極端な例をもち出して、「性のアナーキー状態をつくり出してしまう」と主張した。ここには、トランスジェンダーの人々を〝犯罪予備軍〟と見なす偏見を助長する意図が明白である。そして、「過去最悪の梅毒『多様な性』のジレンマ映し出す」（2022年10月8日付）では、男性間の性的接触が梅毒を急増させていると、明確な根拠を示さずに断定している。この記事に限らず、性感染症と男性同性愛を結びつける論説は、同性愛者に異常・危険といったスティグマを貼り付けるかのようにしばしば掲載されているのである。こうした病理化・犯罪化のレトリックは、性的少数者を「自分たち」とは違う「異常」なものとして社会から排除する効果をもつのだ。

看過できないのは、『世界日報』で繰り広げられる性的少数者へのバックラッシュが、時に、むき出しの憎悪に近い差別をあらわにする点である。中学や高校、大学で、「LGBTの大学生らが人権教育の一環として出張授業を行った」ことに対する批判記事では、「中学校にもレズビアンやゲイが大手を振って出入りしていたのか。これでは学校が風俗店にされかねない」と記述されている（森田清策・早川俊行編、2015年）。当事者の若者が悩みを語り合うだけでなく、当事者でない人々とのつながりを広げる啓発活動を、下品な表現を用いて攻撃しているわけである。

2023年2月の首相秘書官（当時）の性的少数者への差別発言に関する社説では、「同性カップルが同棲することに嫌悪感を覚える人は少なからず存在する。これは内心の問題で、それをすべて『差別』『人権侵害』と断罪できるのか」と、「差別禁止」という理念に対して疑問が呈され、「価値観から湧き出る敵愾心」は肯定されている（「〝荒井同性婚発言〟の深層 嫌悪感生むのは偏見だけか」（2023年2月11日付）。

さて、安倍元首相銃撃事件以降、統一教会が県議・市議を通じて地方自治体の政策に影響を与えてきた実態が、さまざまなメディアによって明らかにされた。以下では、富山チューリップテレビと北日本放送が報道した、富山県における統一教会の政治活動を見てみたい。

人工妊娠中絶や性感染症など、性教育の啓発をしていた産婦人科医は、2005年、小学生の保護者を対象に講演をした際、統一教会の関係者に妨害を受けたという。この医師は後に富山県議となり、ジェンダー平等政策や同性パートナーシップ制度を推進する活動をしていたが、統一教会関連団体から、性的少数者を批判する冊子と、パートナーシップ制度導入に対する警告文書が届いた。

富山県は2021年の議会答弁でパートナーシップ制度「導入の検討」を明言したが、その後2022年5月に、先述の書籍『「LGBT」隠された真実――「人権」を装う性革命』が自民党県議らに送付された。この書籍は、「偏見や差別の裏返しとして、同性愛を安易に美化してはならない」と訴え、「パートナーシップ制度の拡大は、最終的には『夫婦』や『家族』についての日本人の考え方に混乱をもたらし、やがて夫婦を核とした伝統的な家族を破壊する」と主張している。

また、統一教会の関連団体「国際勝共連合」の幹部が、富山市議会の自民党会派で繰り返し勉強会を開催していた事実も報じられた。そこでは、同性婚やパートナーシップ制度への反対、家庭教育支援条例促進などについて話され、配布資料には、同性愛や性同一性障害は〝心理的障害〟であると記載されていた。この幹部が、保守的家族観に基づく家庭教育に関して「先進的な取り組み」と紹介した熊本・鹿児島両県に、市議6人が視察に訪れてもいたという。

統一教会の関連団体「ピースロード実行委員会」が、県の後援を受けて、中絶反対の講演会を複数回開いていた事実も明らかになった。このうち富山市の会場には、衆議院議員のほか複数の県議・市議が出席していたとされる。

以上のように、家庭教育支援条例推進、夫婦別姓制度批判、同性婚批判（パートナーシップ制度批判）が、現在形で進行している統一教会の主要な政治活動である。それらは、文鮮明が提示する強烈な異性愛規範から導かれた宗教実践として展開され、そのバックラッシュの特徴は、性的少数者への執拗な攻撃だ。「日本会議」に属する神道系・仏教系の宗教右派とは異なり、同性愛が罪と明文化されているため、統一教会のホモフォビアは、教義に基づく宗教実践かつ政治活動になっているわけである。

5 親神思想の変異――金光教との比較から考える

統一教会の教義においても政治活動においても、生殖や血統など「家族・結婚・性」の領域は、「真の父母様」＝文鮮明に媒介されて「天の父母様」＝神へ接続している。この領域において、神（あるいはメシヤ文鮮明）と人間（信者）の関係性は、親子関係そのものとなって宗教的に価値づけられているのである。こうした、親としての神（天の父母様）といった神観は、日本の民衆宗教に見られる「親神思想」にも通じるため、本節では、統一教会と金光教の親神観を比較し、神人の親子関係という視角から、宗教と倫理、政治との関わりについて、試論的に考察してみたい。

「親神思想」とは、天理教や金光教など、幕末維新期に生まれた民衆宗教（初期新宗教）に共通する神観念である。その宗教世界では、超越的な神が身近に存在し、親神の働きと恵みは天地に満ち溢れ、「神の子」＝人間を生かし守っているとされる（島薗進、１９７８年）。

統一教会と比較する金光教は「幕末三大新宗教」の一つとして知られている。１８５９年、金光大神（赤沢文治〔１８１４～１８８３年〕）が、親神＝天地金乃神の人間救済の願いを引き受け、社会の底辺で苦しむ民衆を救済するべく「取次」と呼ばれる救済行為に専念し、それによって神の働きを現すところに成立した「民衆宗教」である。文治は農民として生きる中で、相次ぐ家族の死を経験し、自らも九死一生の大病に罹るが、そうした苦難の中で親神に出会う。大病から２年後に親神は、神と人が親子のように交流するところに救いが実現し、「神も助かる」と宣言した。統一教会とは違って創世神話はなく、「世直し」よりも個々人の内面の信仰のありように重きを置くため、政治とは距離を取っている。

金光教の親神観は、金光大神が信者に語った言葉の端々に見出されるが、そこには人間的な親子の情愛に等しい性格が感じ取られる。親神に対する情愛は、封建的・家父長的な家族道徳とはなじまない、当時の農民・民衆の生活感情に根差したものである（小沢浩、１９８８年）。

人間が知らないうちに犯している神への「無礼」という観念は存在する。だがこれは、聖典などに明示化された罪や禁忌とは異なり、むしろ有限な人間が生きる上で犯さざるをえない根源的な罪責性といえるだろう。金光大神は、神への「無礼」さえも知りえない自分自身を「凡夫」と呼んだ。信者も「無礼」を詫び、一心に願う宗教実践を経て、「凡夫」の自覚に導かれる。人間は、親神の守護のもとで「生かされて生きている」限界づけられた存在であり、与えられた「いのち」は自分だけに閉じたものではなく、先祖から子孫に至る「いのちの流れ」の中で「生かされて生きている」。現在を生きるわれわれが、先祖が知らずに犯した「無礼」を詫びることで先祖も救われる、と説かれている。

家族に関してよく知られている教えに「子孫繁盛家繁盛」がある。それは、〝伝統的家族〟といった家族規範に結びつくものではなく、ゆえに「望ましい家庭像」の提示のような強制力は働いていない。性道徳に基づく罪や罰、性的タブーもない。「子孫繁盛家繁盛」は、「いのちの流れ」の中で先祖から子孫をすべて包み込む救いに重なり、「我情我欲」で生きている自己の「改まり」という神との関係性の問題となって、各人それぞれの状況において反省されるべき事柄である。

金光教の救済方法は、宗教者と信者との一対一の信仰的対話「取次」である。これは、相談やカウンセリングとは全く違う。取次の場には超越的な神の力が働いているとされ、それゆえ、宗教者（取次者）が〝相談に対する答え〟を押しつけることはない。取次者が信者の願いを神に取り次ぎ、各人が置かれた個別具体的な「難儀」に合わせて、両者が共に神の思いに沿った生き方を自己反省的に求めるのである。こうして、取次が神との対話になることが重んじられる。

したがって、取次者は、神と信者が親子のように通い合う交流の妨げにならないよう努め、自身が権威化し、自身に依存させないよう注意深くあらねばならない。また、取次を通して、信者の願いが「我情我欲」なものになっていないか問い返され、願望の実現が優先されるのではなく、願いがどうあればよいかが、神との関係上で問わされる。

取次では、さまざまな困難を抱えた人々に向き合い、その人の信仰や「いのち」のありようが尊ばれるため、たとえば、子孫を残せない人々の生のあり方を一方的に評価し価値づけることはない。2018年には、国内外の性的少数者（宗教者・信者）によって構成された「金光教LGBT会」が金光教本部から承認を得てもいる。

金光教の歴史においては、金光大神在世中から女性布教者が積極的に活躍し、多くの弟子を育てた。現時点での宗教者数は、男女ほぼ半々である。さらに、金光大神が、困窮する民衆からの寄進勧化を禁じたため、献金に関する規定や強制はなく、献金はしてもしなくてもよい。もちろん、献金は救いの条件とはならず、すべてが信者の思いに任せられている。会費も存在しない。

このような寛容性は、金光大神自身が自らをどこまでも有限な人間と自覚し、自らの限界を見つめる内省を重んじる伝統に培われた金光教の特徴である。金光大神の「凡夫の自覚」は、結果的に、自身が権威化することに対する戒めとなり、「土を掘る百姓」という自己意識で生きた。

金光大神の生き方を範として、自らを律する自己抑制が宗教的倫理をなし、人間には知りがたい神への慎みと謙譲心は、神の思いを問い続けるへりくだりと敬虔に通じている。こうした謙虚さの背後には、「信心の稽古をさせていただく」といった信仰的態度が存在し、同時に、「信心の稽古」を続ける中で醸成されてくる謙虚さでもある。加えて、「世話になるすべてに礼を言う心」、「実意をこめてすべてを大切に」との四代教主の言葉が示すように、生活を営む上で「世話」になっているあらゆるもの（神、人間、物）への恩、知らず知らずに与えられている恩恵への気づきと感謝を土台に、真心を込めてすべての事柄を行き届くようにする「実意丁寧」なありようが大切にされる。このように、生活や仕事の場を「信心の稽古場所」にして、「信心辛抱」しつつ神との関係を深め、「信心の成長」を各人が求めていく。すなわち、日常生活を送る上での道徳実践が、そのまま、超越的な宗教世界がこの世に現れることにつながるのである。世俗の日常生活の中に聖性・超越性を見出し、信仰的に改まっていくのが金光教の宗教実践なのだ。

神は不可知だが、それでもなお神の思いを求め、それに沿おうとする生き方が、宗教がはらみうるさまざまな権力性、権威主義ゆえの抑圧、偏見、差別などの人間による価値づけを回避させている。これは、悪的存在を設定し、恐怖心に訴えて「絶対服従」させる教義とは異なり、自己の有限性の自覚から翻って超越的な親神への信を形づくるのだ。

一方、善悪二元論的思考様式が中核をなす統一教会においては、サタンや地獄あるいは「先祖の因縁」に対する恐怖心が植えつけられ、悪の側に堕ちないよう、神格化された権力者に盲従してしまいかねない。権力者の価値観を規範として取り込んでいるために、信者が服従・従属関係に気づくのは困難だろう。彼らはすでに指示と服従の関係に置かれてしまっているからである。文鮮明の教え（教団の言葉）に従えば救われるのだと、教義及び信仰実践のレベルで深く依存させられた信仰心には、服従する自己や指示する権威に対する反省の契機が、そもそも剝奪されている。性生活をも管理・統制する教団のある種の〝宗教的暴力〟のもとでは、自己破産・家庭崩壊に至るまでの献金、教団活動への異常な献身、組織の長への従順などについて熟考する余裕は与えられていないのだ。

さらに、原罪によって壊れた「天の父母様」との親子関係の回復には、「真の父母様」＝文鮮明の介入が不可欠であり、関係の修復は、文鮮明の霊能力にゆだねられる。となると、信仰的な成長も、権力者への服従の度合いで評価されてしまう。それは、金光教が重視するような、自己反省を介した信仰の深まりとは別種なものである。

そして、文鮮明の強烈な異性愛規範を内面化するせいで、その価値観を共有する「自分たち」とは別様な他者――同性愛者やトランスジェンダーの人々――に対して否定的な態度をとりがちだ。教祖（教団）の価値観・正義観に依拠して、路上やＳＮＳ上で「弱者たたき」をしている人々は、「自分たち」と生・性の様式を異にする他者への共感や慎みに乏しく、ともすると、差別的な教義によって苦しんでいる〝弱くされた人々〟へ想像力が及ばなくなってしまう。差別的思考を内面化させる教団は、道徳を唱導しながら、実際には、自己のありようを内省する倫理性が欠如しているといわざるをえない。親神思想で共通する二つの宗教は、とりわけ、救済論のあり方が形づくる倫理の水準においてきわめて異質なのだ。

繰り返すように、家族や性といった私的な生活の場を、文鮮明の指示に従って〝改善〟する統一教会の宗教実践は、そのまま公的世界の変容を目指す政治活動へつながっている。〝伝統的家族〟の復古という物語を生きている信者たちは、保守的な性別役割の実践を通して信仰心が強化され、それに伴い、政治活動に対する動機づけも強まると思われる。

その限りで、彼らの政治活動は、宗教実践の私的／公的の線引きを揺るがせ、われわれに再考を迫るだろう。より具体的にいえば、家族や性をめぐる宗教的解釈が、宗教実践の私的／公的の区別の有効性を考えさせるものとなっている。ここに、統一教会の「家族・結婚・性」という私的領域がはらむ公的問題の中心がある。すなわち、「家族・結婚・性」にまつわる教義は、家庭での宗教実践を規律化し、信者を性的にも統御・訓育し、しかもそうした性に関わる権力が政治状況などと複雑に絡まり合いながら、社会問題を引き起こしているのだ。

【参考文献】

李進亀（イジング）・櫻井義秀「統一教会の日本宣教」李元範・櫻井義秀編著『越境する日韓宗教文化――韓国の日系新宗教　日本の韓流キリスト教』北海道大学出版会、2011年

猪瀬優理「戦後の宗教とジェンダー」島薗進ほか編『近代日本宗教史 第5巻 敗戦から高度成長へ――敗戦〜昭和中期』春秋社、2021年

川橋範子・小松加代子編『宗教とジェンダーのポリティクス――フェミニスト人類学のまなざし』昭和堂、2016年

小沢浩『生き神の思想史――日本の近代化と民衆宗教』岩波書店、2010年、初版、1988年

斉藤正美「男女共同参画とは何か――ユー・アイふくいの図書問題をめぐって」山口智美・斉藤正美・荻上チキ『社会運動の戸惑い――フェミニズムの「失われた時代」と草の根保守運動』勁草書房、2012年

同「結婚、家族をめぐる保守の動き」塚田穂高編著『徹底検証 日本の右傾化』筑摩書房、2017年

同「自民党の性をめぐる政策と宗教右派――地方の草の根運動の視点から」『世界』2022年9月号、岩波書店

斉藤正美・山口智美「「性的指向」をめぐって――宮崎県都城市の条例づくりと『世界日報』」前掲山口・斉藤・荻上、2012年

櫻井義秀「統一教会の宣教戦略と組織構造――グローバル化とマネジメントの視点から」中牧弘允・ウェンディ・スミス編著『グローバル化するアジア系宗教――経営とマーケティング』東方出版、2012年

同『統一教会――性・カネ・恨から実像に迫る』中央公論新社、2023年

櫻井義秀・中西尋子『統一教会――日本宣教の戦略と韓日祝福』北海道大学出版会、2010年

島薗進「生神思想論――新宗教による民俗〈宗教〉の止揚について」宗教社会学研究会編『現代宗教への視角』雄山閣、1978年

祝福二世相談室編著『救済論の問題点――統一教会の救済観とその神学的課題』エコー出版、2008年

世界基督教統一神霊協会編『原理講論』光言社、1967年

世界日報LGBT問題取材チーム『「LGBT」隠された真実――「人権」を装う性革命』世界日報社、2022年

天宙平和連合編『平和神経』光言社、２００９年
韓鶴子（ハンハクチャ）『人類の涙をぬぐう平和の母』光言社、２０２１年
藤本拓也「「子孫繁盛家繁盛」に関する試論――金光教教祖実弟の自死をめぐって」東洋英和女学院大学死生学研究所編『死生学年報』14号、２０１８年
古田富建「世界平和統一家庭連合（旧統一教会）の歴史と現状――韓国宗教史からの検討」藤原聖子編『いま宗教に向き合う3　世俗化後のグローバル宗教事情』岩波書店、２０１８年
文鮮明（ムンソンミョン）『続・為に生きる』光言社、１９８９年
同『祝福家庭と理想天国（1）』光言社、１９９８年
同『成約人への道』光言社、２０００年
同『宇宙の根本』光言社、２００２年
同『後天時代と真の愛の絶対価値』光言社、２００４年
同『天宙平和の王のメッセージ』光言社、２００６年
同『平和を愛する世界人として――増補版 文鮮明自叙伝』創芸社、２０１１年
同『真の父母の絶対価値と氏族的メシヤの道』光言社、２０１４年
同『祝福の絶対価値と神氏族的メシヤの責任完遂』光言社、２０１５年
森田清策・早川俊行編著『揺らぐ「結婚」――同性婚の衝撃と日本の未来』世界日報社、２０１５年
山口智美「「ジェンダー・フリー」論争とフェミニズム運動の失われた10年」双風舎編集部編『バックラッシュ！――なぜジェンダーフリーは叩かれたのか？』双風舎、２００６年
同「「家庭教育」めぐる連携の動き、何が問題か」『週刊金曜日』１３９８号、２０２２年10月28日
同「旭川市でいったん止まった条例制定の動きと市民運動」同右
山本彰編著『ここがおかしい男女共同参画――暴走する「ジェンダー」と「過激な性教育」』世界日報社、２００６年

第7章　統一教会の被害と法的救済

山口広

　2022年7月8日の安倍元首相殺害が信者女性の41歳の子による銃撃であったことから多くの報道がなされた。しかし、これほどあからさまな組織的計画的で悪質な組織の反社会的行為がなぜ日本社会にはびこり、深刻かつ広汎な被害を生じ続けたのか。1986年末から約36年間全国霊感商法対策弁護士連絡会（以下「弁連」）の事務局長、代表世話人として取り組んできた私としては痛切に力不足を感じるとともに、何とかしなければならないというあせりを禁じえない。私たち弁連が長年主張し続けてきた統一教会が日本社会にもたらした深刻かつ重大な害悪のうち、個人や家庭に生じてきた、そしてこれからも生じるであろう問題の実情を報告したい。そのために、弁連の弁護士はどう取り組んできたのかについて、法廷活動の一端を論じることで知っていただきたい。

なぜ、どんな仕組みで人が被害者になるのか

合理的な考え方をするあなたは統一教会の信者・被害者にならないと思うだろう。しかし、そんな方の家族や親族・知人が文鮮明がまことのメシアだと信じ込んでしまい、どんなに話をしても全くかみあわないという深刻な事態が多くの家庭やグループで生じてきた。

しかし、あなたの大切な人が交通事故で死去した。突然ガンの宣告を受け余命半年。そんな時誰もが、「なぜよりによって今、大切な人がこんな目にあわないといけないのか」と不運になげき納得できない気持ちになるかもしれない。たまたま、親しくしていた人の紹介で面接した霊能力のあるという女性が長時間あなたの話を聞いてくれて励ましてくれた上に、「あなたの運勢を見て下さるすごい先生がいます。どうしてそんな不幸に見舞われたのか、これからあなたがどうしたらいいのか、きっとすばらしい助言をして下さいます。私もその先生にお世話になって人生に光が差し込んでこうして充実した生活をしているんです。お忙しい先生ですが、ちょうど来週は空いてるとのことでした」。そんな誘いでその先生のもとに引率されると、その先生はあなたの家系図を見せながら、「死後の霊界でご先祖が地獄に堕ちて苦しみ続けている。苦しさのあまりあなたに助けを求めている。そんなご先祖の因縁のせいで、あなたのご家族が事故や病気になった。このままではあなたも、あなたの子どもたちも不幸になる」。そんな話を

長時間聞いたあなたが、「じゃあどうしたらいいのでしょうか」と先生に尋ねた時、あなたはもう冷静に判断できる状態ではなくなっている。浄財を100万円払ったらこんな不幸から免れることができるのなら、家族の不幸、自分の恋人が見つからない寂しい人生が好転するなら、100万円払ってもいいかな。そう思って払ってしまったら、それが逆に献金地獄の入口なのだ。

統一教会ではその100万円では決して終わらない。文化フォーラム（かつてビデオセンターと称していた）に通って、本当の幸せとは、家系図からわかること、どうして世界は日本はこんなに乱れて戦争や貧困や乱倫が克服できないのか。そんなことをビデオなどで毎週2回通って学ばされる。やさしいスタッフ（信者）が、長時間あなたの生い立ちから今までの人生を、褒めながらやさしく聞いてくれる（信者らはこれを「個人路程」をとるという）。こうして先生のことを、私のことが一番わかって心から私のためを思って指導して下さる人だと信頼するようになる。「陰徳積善。よい行いは隠れてしましょう。こんなすばらしい学びをしていることはご家族・友人にはまだ話さない方がいいですよ」ともいわれる。

こうして3ヶ月後あなたに、ここで学んできたのは世界平和統一家庭連合の教義で、まことのメシア文鮮明先生（その未亡人の韓鶴子先生）の教えなのですよと告知された時「えー！あの統一教会だったの。でも皆さんいい人たちだし、お話も正しいことばかりだし、もう少し続けてみるかな」とあなたは思うようになっている。勧誘している宗教団体の情報をきちんと事前に知らされて冷静に判断できる精神状態でこれを聞かされたのなら、法的問題にはならない。しかし、正しい情報と冷静な判断ができる環境のいずれかが欠如している中で、宗教団体に勧誘することは被害者の適切な判断の機会を奪う違法行為だ。

家庭崩壊・人生破壊になる深刻な被害

被害者には4パターンある。①学生、独身勤労者の多くは実践信者として、街頭勧誘をして物品を高額で売ったり、文化フォーラムに市民や家族友人を誘う。かつては全国に万を超える献身者（24時間文鮮明教祖の指示どおりに活動するのが使命と信じてホームに住み込んでいる若者）がいた。しかし、そのコストがかかるためか現在は激減している。

②したがって現在の組織活動の中心は既婚者だ。ほとんどが女性、それも多くは主婦。夫の目を盗んで連日勧誘活動に奔走する。悪因縁のせいで子の不登校、家族の病、夫婦の亀裂があるので、自分が活動し献金することが私の使命・責任だと信じている（「氏族メシヤ」・「家族の中心人物」という）。③そして高齢者。特に一人さびしい生活をしている人にとって、毎日のように「お母さん」と呼んで肩をもみ、車で信者の集まりにつれていってくれる。そこで親切な信者と会って雑談することが楽しみになる。こんなに献金していいのか、夫の所有不動産を担保に供

して借金までして統一教会に大金を貸す不安、土地を売って大金を献金させられる理不尽も、目先の信者の親切や賛美で流される。④さらに合同結婚式で文鮮明教祖や統一教会の指示で結婚した夫婦の子（祝福2世）や親が信者になった山上被告の立場の子（信仰2世）。彼らはまじめでやさしい親が信じて活動する統一教会の教えが絶対だと執拗に教え込まれる。多忙な親のネグレクト・貧困・合同結婚式以外の男女交際は罪と決めつけ「人を愛してはいけない」と強制される。

私はこのような多様な信者の被害回復・被害抑止の活動をしてきた。多くはその家族の取り組みで脱会した前記①②③の元信者のため。

本章では、私が取り組んできた財産被害を中心に報告する。

財産被害の概要と対策

（1）弁連の電話相談は1987年から現在まで続いている。2010年頃までは毎年1000件を超える相談があったが、それ以降は毎年数百件。ここ5年程はその半分以上が統一教会以外の相談。痛感するのは、宗教は金になると知った半グレ集団による統一教会以上に犯罪的で悪質な手口。統一教会よりましだ、他でもやってるなどと開き直る宗教的集団のリーダーやミニ教祖。これも統一教会がもたらした悪影響による被害の一端だ。

電話相談からそれが統一教会による被害か、それ以外の集団の問題かを分類する。統一教会による被害について、1987年から2021年までの35年間のデータを集計すると3万4537件の相談で、受けつけた被害合計は1237億3357万円余に及ぶ。かつては印鑑、大理石壺、多宝塔、人参液や宝飾品、着物、絵画などが多かった。そして、2015年頃からほとんどが献金被害になった。しかし、2015年以降も3000万円の「聖本」、430万円の「天聖経」など文鮮明の御言葉集や、天運石と称する大理石壺、地獄から救い出された先祖の霊が来る善霊堂などの不当高額商品も授かるよう指示して資金集めの手段となっている。

献金被害には、キリスト教会でもなされることがある10分の1献金を文鮮明の指示で10分の3などとしたもの。さまざまな口実でいつまでに数十万円と指示される摂理献金。合同結婚式参加者に賦課される祝福感謝献金。その他繰り返し「これが最期だと命がけで勝利しろ」と指示される精誠献金など毎年数回の特別献金の指示。そして2010年以降は韓国の統一教会施設がある清平（チョンピョン）修錬苑で繰り返される先祖解怨献金が集金口実の中心となっている。七代前までの先祖解怨が70万円、それから七代ずつ遡って先祖を430代まで遡って解怨することが個々の信者にとって使命とされる。七代ごとに3万円。しかも父方と母方それも自分の氏族と配偶者の4氏族の先祖解怨献金をしなければならないので、(70万+3万×60)×4で1000万円。さらに清平に行く交通費や他のさまざまな名目の献金があるので、この七代ごとの先祖解怨献金だけで清平で1000万円をはるかに超えて払った信者が多い。地獄で苦しみ続けている先祖を救わない限り地上の信者も地獄で苦しむことになるし、地上で色情・殺傷・財の因縁にみまわれるので必ずしなければならない献金と教えこまれるのだ。

（2）統一教会による金銭被害の損害賠償手続は一般の交渉や訴訟の数倍手間がかかる。

第一に、私が初めて相談を受けた1986年秋には、他の弁護士から「承諾して契約した壺の売買契約を解除して代金を返せというのは無理」とことわられたという人が多かった。したがって、信者に説得されて契約してしまった経過を時間をかけて聞きとって、そのいきすぎを主張して、統一教会側に裁判で敗訴するとわからせないと賠償請求に応じない。

第二に、契約当事者は信者が教会の指示で設立した会社であって統一教会ではないと主張する。訴訟で判決が出るか、訴訟上の和解になると統一教会名義で返金するが、訴訟前の交渉段階では信徒会なる実在しない統一教会の責任逃れのための団体又はその幹部信者個人名義での示談にしか応じようとしない。

第三に、特に献金被害の場合、統一教会は領収証を交付しないので、いついくらどういう名目の支払だったのかについて被害者側が主張立証しなければならない。ところが統一教会は「出して忘れなさい」と指導している。被害者には素直な人が多いので証拠を残さずすてた人が多い。家族に見つかったら騒ぎになるので、通帳などもすてたり統一教会側に渡してしまって焼却された被害者も多い。

しかもほとんどの元信者は早く解決してこの苦しかったくやしい思い出から離れたいと思っている。私が「裁判になると2、3年はかかります。被害は800万円だと私も思うけど統一教会側は500万円しか返さんと言ってます。訴訟しますか」と聞くと、500万円で仕方ないですと言う人が少なくない。特に高齢者に多い。

私はそんな困難を克服しつつ交渉や訴訟によって被害回復をしてきた。担当事例の約85%は交渉で決着するが、本人の決意が固く統一教会の回答があまりに理不尽なケースは提訴する。それでもおよそ10%は訴訟上の和解になるので、残り5%程度で判決になる。弁連で紹介している統一教会の損害賠償責任が認められた30件は、こうして立証に成功し、被害者にもしんぼう強く待っていただき、法廷で被害者として証言された稀なケースなのだ。

また、日本の裁判所の精神損害についての慰謝料は異常に低い。私が弁護士になった45年前の離婚事件で殴って不倫して破産状態という夫でも慰謝料は高くて600万円だった。今でもその相場は変わらない。20歳から30歳の10年余、統一教会の献身者として金も身も心もすべてささげてきた元信者の慰謝料が後述する広島高裁岡山支部平成12年9月14日判決でも一人100万円だった。

したがって被害の深刻さを考えると献身者だった元信者の損害、かけがえのない20歳代の数年を文鮮明教祖の指示どおりに被害者と高額献金を生み出す活動に加害者として費やしてしまった人の損害は文字どおり金額に計り知れないものがある。それでも、この献身させるシステムの違法を問う訴訟を弁連所属の弁護士は各地の元信者と話し合って「青春を返せ訴訟」と称して取り組み勝訴した。私が他の3弁護士と協力して取り組んだ同種裁判は「違法伝道訴訟」とネーミングして取り組み勝訴した。

献金被害回復訴訟─東京地判1997・10・24

（1）私が初めて統一教会被害で判決を得たのは東京地裁平成9年（1997年）10月24日判決（判例時報1638号107頁）である。

夫と子と生活する妻Aが信者Mから「霊能力の高い先生」と紹介された信者。そのTから「あなたの家系もご主人の家系も色情因縁、殺傷因縁、財の因縁が強く、このままでは長男は早死にし、娘は結婚に恵まれず絶家する運命です」などと説得された。親から相続した財産がまだ3000万円あることもTに見通されていると思い話してしまった。Tは数日後Aの実家B家の「先祖解放祭」をするとしてAに霊界で苦しむ両親あての手紙を書いて持参するよう指示した。

さらに判決文はこう認定した。

「Tは、同月29日、被告横浜教会の祈禱室において、原告Aを招き、信者M及びTなど被告の信者数名の立会いのもと『B家先祖解放祭』と称する儀式を行った。Tは、右解放祭に先立ち、Aに対し、Aの母親が夢に出てきて、今後もAを支えるよう告げられ、朝方B家の墓に立ち寄り、Aの母親に一緒に解放式に行こうと告げてきたと言い、TはAに対し、解放祭によってAの長男がいい人生を歩めるよう、先祖のよい守りがあるよう祈願すると告げて、儀式を始め、Aに両親に宛てて書かせた手紙を読ませ、文部省唱歌『ふるさと』などの歌を歌わせつつ、霊界のAの先祖に語りかけるように約1時間祈禱を行い、Aは、その間あたかも、先祖が式の場に降りているように感じ、気分が高揚し、涙を流していた」

「Tは、右解放祭の際、右祈禱室に隣接する応接室において、Aに対し、罪は四つの非ずと書き、原罪（人間の始祖の犯した罪で、生来負うべき罪）、自犯罪（自ら犯した罪）、遺伝罪（先祖の犯した罪）、連帯罪（日本人が韓国に対して犯した罪など）の四つがあるが、原罪はメシアによってしか清算できず、あと三つを払拭するには出家する必要があり、罪が清算されない限り、先祖は霊界の低いところから抜け出せず、先祖が苦しんでいると因縁によって現世の人間にも不幸が起こると話し、Aの家系図を示しながらB家には殺傷因縁があるためにAの両親や祖母が脳の病で亡くなり、財の因縁があるためにAの祖父や兄がガンで亡くなった（癌は品物の山の病と書く）。「同家には最も罪の重い色情の因縁もあるため、本来絶家になる運命で、先祖の因縁が長男に現れ、このままでは長男がAの兄と同じく早死にする運命にあると告げ、Aは先祖の因縁を解放する使命を果たすべく、本来出家しなければならないが、子どもがあって身も心も献身するということはできないであろうから、精一杯献金しなければならないと説き、Aの財産を清めるためであるといってAの財産状況を尋ね、所有不動産や加入している保険の額、預金の額及び、預金先等を聞き出し、神にAの気持ちを伝えるため、祈ってくると言って一時退席した」

「(Aは)応接室に戻ったTから、神から提示された額であると言って紙に『2100』と書いて示され、3000万円の預金は本来天に返すために用意されたものであり、亡くなった先祖の残したものは、亡くなった先祖のために使用すべきものであって、全部献金した方がよいが、今はそこまでできないであろうから、3分の1を先祖のため、3分の1を世界のため、3分の1は本人と家族のために使えばよく、21は完成数を表し、新しく出発することを意味するので、2100万円を神に捧げるようにと告げられた」

「TはAに対し、悪いことは切り捨てて新しい年を迎えると同時に生まれ変わろうなどと言って、年内に献金するよう勧めた。

Aは、12月31日信者S及びM並びにMの夫に同行され、D銀行E支店に赴き、定期預金を解約するなどして2100万円を引き出し、被告の横浜教会において、T、M、Sらの立会いを得て、献金式を行い、2100万円を信者組織の横浜地区の会計担当であるNに手渡した」

Aは翌年1月にもTの説得を受け1010万円を会計担当のNに800万円の貸金及び210万円の献金として交付した。

この認定について否定する主張を繰り返した統一教会について判決は「Aは統一教会（被告）に対して献金したか」と項を立ててこう認定した。

「前記認定によれば、Tは、Aに対して被告又はその教祖への献金を勧め、これにより、早死にを運命づけられていたAの長男を救い、Aの心の平安が得られるものと示唆し、AもAを救済する力を有する被告又は教祖とされる者に対して献金する意思のもとに前記認定の多額の献金をした。特に、Aの第1回の献金は、被告の横浜教会において儀式を執り行った上でされており、Aはもとより、勧誘した誰もが、献金が被告又は崇拝されている教祖に対するものとしてされたと信じていたと認められる。右認定の事情のもとでは、Aは被告に対して献金したと認めることができる」

「Aが被告に対してではなく、信徒会に対して献金したとの被告の主張は、信者が献金する場合に有する通常の意思を意図的に否定しようとするものか、そうでなければ、何人をも納得させない詭弁というべきである」

さらに判決は「Aに対する献金の勧誘の評価」としてこう述べた。

「1．特定の宗教を信じる者が当該宗教を広めるため、他人を説得し、その過程において、人類一般に生じうる過酷な運命の到来を警告し、それを克服するため、当該宗教の教義が信じるに足りる所以を説明すること、教祖又は宗教上の指導者が過酷な運命から人類を救う超能力を備えることなどを説明すること、さらには、当該宗教活動を維持するために献金を求めることは、その方法が市民法の許容するものである限り、法律上の責任を生じることはない。永年にわたって確立された宗教に例を取って見ても、その定着及び拡大の過程において、帰依することによって心の平安が得られることのみにとどまらず、人類の滅亡の危機が迫っており、当該宗教に帰依することによって救われると説くもの、更には、指導者が人智を超えた能力を備えていることを説くものがあったことは、歴史上明らかなところである。得られる心の平安が主観的なもので、他人の理解を超えるものである場合や、保有すると標榜される指導者の超能力が病気を癒やす等の人類に幸いをもたらしたり、精神的安心や心の安らぎをもたらしたりするものである場合はもとより、およそ人類の利益や幸福には関わりがなく、そもそもそれを備えているると信じることが確立した科学的知見に照らして荒唐無稽であるようなものである場合であっても、当該宗教に帰依する者が、それを信じ、それをもよりどころに宗教的結束を維持し、信者を拡大するためなどの活動をすることも、民主国家においては、何人からも、容喙(ようかい)を受けることはない。

しかしながら、宗教的結束を維持し、拡大するための行動であっても、現行法の秩序を踏み超えることはできず、刑事法上是認されないものは、宗教的活動であることの故に犯罪性を否定されず、同様に、民事法上是認されないものは、不法行為等民事上の責任を免れるものでもない。献金が、人を不安に陥れ、畏怖させて献金させるなど、献金者の意思を無視するか、又は自由な意思に基づくとはいえないような態様でされる場合、不法に金銭を奪うものといってよく、このような態様による献金名下の金銭の移動は、宗教団体によるものではあっても、もはや献金と呼べるものではなく、金銭を強取又は喝取されたものと同視することができ、献金者は、不法行為を理由に献金相当額の金銭の支払を請求することができると解するべきである。

2．本件についてこれを見るに、前記認定事実によれば、Tらは、被告の教義の伝道の過程においてAに献金を求めたと認められ、このような献金の勧誘の目的自体には違法とすべき点はないものの、同時に、被告の信者組織の横浜地区における献金目標を達成することを意図し、予め周到にAの資産や、Aの家系について聞き出し、肉親を次々に亡くし、長男との関係に悩みをもつAの心情的な弱点を把握した上で、Mにおいて、Aの相談に乗るなどして信頼関係を築き、霊能力の高い者としてTをAに引き合わせ、横浜フォーラムにおいて、TからAに対し、Aの祖父母、両親、実兄の死亡の原因が先祖の因縁によるもので、その害悪が子どもの早死や絶家をもたらす運命にあり、これを救うためには献金しなければならないと説き、Aが知人から助言を得て被告から遠ざかると、Tらは、被告の真実を見極めるようAを説得して横浜フォーラムに通わせ、平成3年12月29日、Aの実家のB家の先祖解放祭を行い幼少時に覚えた歌を共に歌うなどして気分を高揚させた上で2100万円の献金を承諾させ、同月31日、預金を引き出させて右同額を献金させ、さらに、同4年2月28日、210万円を同様に献金させ、800万円を被告に貸しつけさせた。

原告の献金に至るまでのTらの行動は、…さながらAの心を自在に操っているかのようであり、その結果、Aが前記認定の多額の献金をするに至ったと認められ、金銭を出捐しなければ最愛の肉親の身に重大な害が生じると伝えて献金名下に本件におけるような多額の金銭を得ることは、社会的に到底是認しうるものではなく、不法行為を構成する」

さらに判決は、「被告（統一教会）の使用者責任」としてこう述べている。

「宗教法人は、その信者が第三者に加えた損害について、当該信者との間に雇用等の契約関係を有しない場合であっても、当該信者に対して、直接又は間接の指揮監督関係を有しており、かつ、加害行為が当該宗教法人の宗教的活動などの事業の執行につきなされたものと認められる時は、民法715条に定める使用者責任を負う。宗教法人の信者が当該宗教法人と別に組織を構成し、信者が信者組織の意思決定に従って宗教的活動又はこれに付随する活動を行う場合においても、信者組織が宗教法人の教義とは異質の理念に基づいて運営されるか、又は活動していると認められる特段の事情のない限り、当該宗教法人は、右信者組織の意思決定に従った信者による加害行為についても、同様の責任を負う」

さらに統一教会の「被告の信者組織に対して何らの指揮監督関係をもたない」との主張についてこう認定した。「宗教法人と信者の組織とは、同じ目的のために存立することは明らかであり、宗教法人があって初めて信者組織も存在しうるのであり、当該宗教法人の存立目的を達成するのに必要な限度、方法において、宗教法人が信者組織を規律することは当然予定されており、前記認定によれば、被告においても事情は同じと認められ、信者組織に対する指揮監督関係があると推認することができ、前記判断を左右するには足りない」。

（2）平成9年の東京地判の評価

裁判所は宗教団体の信者の組織的献金勧誘行為についての昔の宗教団体の活動にも触れながら、被告統一教会の本件行為については「さながらAの心を自在に操っているかのようであり、その結果、Aが」「多額の献金」をしたと認められ「社会的に到底是認しうるものではなく、不法行為を構成する」とした。

また、統一教会の使用者責任についても認め、「信者組織に対する指揮監督関係があると推認することができ」るとした。

1993年5月、著名な新体操選手Dが統一教会に入信して92年8月の合同結婚式に参加してマスコミをにぎわした翌年、脱会する記者会見をした。この時、前年の合同結婚式参加の理由を聞かれたDは、「私はマインドコントロールされていました」旨述べた。上記判決はあたかもその表現をかえて「心を自在に操っているかのようであり」と認定しているのである。

また、信者団体がしたことで統一教会に責任がないという現在も主張し続けている論点についても明確に統一教会本体の民法715条の使用者責任を認めているのである。

統一教会の献金勧誘行為の手口は私が担当したすべての案件でこの判決で認定されたと同様の手口である。行為の違法性も統一教会の法的責任もその後の多くの判決で同様に認定されている。にもかかわらず、統一教会は宗教法人解散命令請求が政府の方針となっている現在まで上記判決で排斥された主張を繰り返している。統一教会の遵法精神の欠如は明白である。

なお、この東京地裁判決は東京高裁平成10年（1998年）9月22日判決で上記地裁判決の判断が是認されるとともに、地裁で認められなかった慰謝料についても次のような判示で100万円が認められている（判例時報1704号77頁）。

「前示のとおり、一審被告の信者らによる一審原告に対する一連の献金勧誘行為は、社会的相当性を逸脱していると評価すべき違法行為というべきであるが、これにより一審原告は不安心理を不当に増大させられたり、高額の献金を決意させられるなどして、相当の精神的苦痛をも加えられたものと認められ、この精神的苦痛は、通常の財産権侵害における場合とは異なり、単に一審原告が違法に献金させられた献金相当額の返還を受けただけでは回復することができるものではないと認められる」

元妻が夫の資産を献金した訴訟――東京地判2016・1・13

（1）妻Fが婚姻期間中に、会社員である夫Eが親から相続した資産やEの給与、退職金から、明らかにEの意思に反して統一教会に献金し続け、それが理由で離婚に至った事案である。2人には長女と二女がいて成人しているが、長女は妻Fに誘われて父Eに無断で合同結婚式に参加して外国人と結婚したことから父Eは離婚を決意した。Eは自己名義の預金の過去の取引履歴を調べて不自然な支出を摘出し、Fは8446万円余をEに無断で統一教会に献金したと主張して、2012年に同教会に対し損害賠償請求訴訟を提起した。Fは一貫して宗教活動に専念しており見るべき収入はなかった。

Eは自分の通帳の不自然な支出は現役信者であるFが統一教会に献金したものと主張した。一方被告統一教会とFは他の用途の支出だと主張。長期間単身赴任していたEはFを信用してEの通帳をFに預けていた。

判決は控えめの金額を認定して3118万円余を違法に統一教会が領得したと判決した。また、東京高裁平成28年（2016年）6月28日判決は地裁の判断を是認した。双方上告せず確定。

これまでになかった新しい論点は、第一に統一教会は妻Fが夫Eの資金を夫の意に反して献金していることを認識していたか。そうであれば夫の資金を妻が勝手に統一教会に贈与することを統一教会は知って受領したことになり違法性は明白である。第二に、Fがした献金には、Fが韓国の統一教会施設である清平での活動について献金した分も含まれていた。この損害について、日本の統一教会に責任があるか。その2点をこの判決はどう認定したか。

（2）判決は被告統一教会の献金勧誘活動について次の事実を認定した。各項目には認定の根拠となる証拠が示されているが、本章では省略する。

「a　被告は、信者に対し、信者は氏族メシアとして、家系や先祖を代表して、家族を救い、先祖を救う立場にあり、そのためには、献金や伝道をすることを使命としており、これに従わない場合には、自分も家族も不幸になり、先祖も救われないと指導していた。そして、壮婦（山口注：既婚の女性信者のこと）は、献金して夫を救うこと、夫の家系を救うことこそが信者としての使命であるとして、夫や親の金、子のために積み立てた金を拠出するように指示されていた。

b　被告は、信者に対し、どれくらいの財があるのかを聞き取るとともに、壮婦の場合には、夫の金をどれだけ管理し、自己の判断でどれだけ金を動かせるかを聞き取って、上位の立場にあり指導役の信者であるアベルに報告していた（山口注：これを「財の把握」と称して信者は対象者について必ずすることと指示されていた）。そして、アベルは、信者に対し、家族の対応を知って、家族との接し方や献金の仕方を指導し、家族の状況に変化があれば逐一報告をするように指示をし、夫の意思に反して献金をすることに躊躇していた信者に対しては、説得をしていた。被告においては、アベルの指示は絶対に服従しなければならないとされていた。

c　被告は、伝道される過程にあるゲストや信者について献金の目標を把握した表を作成し、また、実績及び目標までいくら残っているかについても公表されていた。

d　被告の内部は、平成20年までは、全国を16のリージョンに区分し、そのリージョン内をさらにいくつかの教区に分けていたが、その後は、地区、教区の順に地区割りがされている。教区はさらに区域に分かれており、一つの区域は6～10名程度の信者で構成され、そして、区域を取りまとめる区域長、複数の区域をまとめる代表区域長がいる」

「日曜日の礼拝や訓読会などの集まりの後に、各区域の区域長や代表区域長が出席して行われる区域長会議や代表区域長会議では、区域長がまず区域の信者をまとめ、代表区域長に献金の実績を報告し、代表区域長がそれを女性責任者である婦人部長に報告するとともに、各区域長に対し献金の指示がなされていた」

「e　文鮮明の子である文国進は、メシアである文鮮明の後継者と目されており、月1回来日して、献金を指示した。（山口注：四男国進は文鮮明の死後、韓国本部から放逐されて米国に引き上げた）」

（3）さらに「清平修錬会について」判決はこう事実認定した（前同様証拠は省略する）。

「a　被告において、霊界で先祖が苦しんでいるのを助け出すための先祖解怨という儀式を行うには、韓国にある天宙清平修錬苑において行うしかなかった。

b　被告においては、信者に対し、天宙清平修錬苑日本事務局作成の冊子を頒布し、清平修錬会における先祖解怨式と先祖祝福式への参加を勧誘し、先祖解怨式を受けるためには先祖解怨献金を持参する必要があること、さらに、その後で、先祖祝福式を受ける必要があり、そのために先祖祝福献金も必要であることを伝えていた。

c　清平修錬会の主宰者的立場にあり、霊界の大母様の言葉を伝えるとされる金孝南は、たびたび来日して、被告の教会において、信者を集めて集会をしていた（山口注：金孝南はその後、日本人信者が清平事務局に献金した大金を着服したとして放逐された）。

d　Fは、区域の信者の先祖解怨の状況について把握するとともに、ゲストの先祖解怨の状況についても把握していた」

また、妻Fの信者としての活動をこう認定した（前同様証拠省略）。

「a　Fは、代表区域長として、区域長会議又は代表区域長会議に参加した。

b　Fは、被告の信者として、日曜日の礼拝に参加したほか、伝道活動として、街頭で通行人に声を掛けて、店舗やビデオセンターに連れていって被告の教義を教え込み、信者にする活動も行っていた」

（4）判決の新しい争点についての新判断

判決は（2）（3）で述べた事実認定をふまえてこう判断した。

第一に、Fの献金を受領した被告統一教会の責任について。

「以上のような事情からすれば、被告においては、組織的活動として、これまで、信者の財産状態を把握した上で、特に壮婦の場合、献金によって夫を救い、夫の家系を救うことこそが信者としての使命であるとして、夫や他の家族の金を拠出するように指示をし、夫の財産を夫の意思に反して内緒で献金する等の名目で交付させていたということができる。

また、韓国の天宙清平修錬苑は、被告の組織の一部であるとは認められないものの、上記認定のとおり、清平修錬会における献金について被告がいったん受け取ったか否かに関係なく、被告内部においては、教義の一環として、信者に対して、霊界で先祖が苦しんでいるのを助け出すための先祖解怨式を行う必要性を唱え、清平修錬会への参加を勧誘し、それに伴う献金の必要性を伝えるなどその交付を指示していたということができる」

そして、「被告は、Fが被告の指示に基づいて行った献金が、夫であるEの了承なく、Eの財産を原資としたものであることを知っていたこと」としてこう認定した。

「（ア）被告においては、人間は生まれながらに原罪をもっており、それを清算するためには、文鮮明が祝福する合同結婚式に出席する必要があるとされていた。そして、壮婦の場合は、夫を伝道して夫と共に合同結婚式に参加することが目標とされたが、夫が反対している場合には、夫の写真などをもって祝福式に参加させており、被告の幹部信者は、夫の写真をもって結婚式に参加した壮婦については、夫が信仰に反対していることを知ることができた。Fは、平成9年7月15日、Eの写真をもって合同結婚式に出席した。

（イ）Fは、平成21年頃、被告に提出する伝道リストアップにおいて、Fについて『教会を反対』と記載した」

その上で、こう判決したのである。

「前記で認定した事実に加え、上記のような事情からすれば、被告は、Fの家庭の財産状態を把握するとともに、夫であるEが、Fの活動に賛同しておらず、Fが夫を信者にすることを目標に活動していることを把握していたことが認められる。そうであれば、被告は、専業主婦であるFが行った献金の原資が、本人の金ではなくEの財産であり、Eの意思に反して出捐されたことについて認識していたということができる」

「（3）以上によれば、被告においては、組織的活動として、信者の財産状態を把握した上で、壮婦に対しては、献金によって夫を救い、夫の家系を救うという使命のために、夫の財産を夫の意思に反して内緒で献金する等の名目で交付させており、これを受けて専業主婦であるFが行った献金等について、その原資がEの財産であり、Eの意思に反して出捐されたことを認識していたと認められるから、上記出捐について、組織的な不法行為としてEに対する損害賠償責任を負うというべきである」

第二に、統一教会が主張した「天宙清平修錬苑のある韓国の清心教会は被告とは全く関係がなく、清平修錬会への参加は個人の自由な判断に委ねられている上、Fが送金していた当時、先祖解怨献金は、被告を介さず、清平修錬会において直接納めるもので、被告が信者に献金を勧誘、強要することはないから、Fの清平修錬会における献金について、不法行為責任を負わない」という点についてもこう判決した。

先祖解怨献金が統一教会を介さず清平修錬会において直接納めるものであったとしても、「被告は、専業主婦であるFが行った献金の原資が、夫の財産であり、夫の意思に反して引き出されたことを知っていた上、信者に対し、教義の内容として霊界で先祖が苦しんでいるのを助け出すために先祖解怨式を行う必要性を唱え、清平修錬会への参加を勧誘し、これに参加するためには先祖解怨献金等が必要であると指示していたことからすれば、Fの清平修錬会における支出についても、被告は、Eに対する関係で不法行為責任を負うというべきである。

違法伝道訴訟（青春を返せ訴訟）

（1）最後に献身して長期間無償で統一教会の組織活動に酷使されつづけた青年信者たちが統一教会の組織的マインドコントロールについて、統一教会の不法行為責任を問う裁判を全国各地で提訴した訴訟について報告する。原告らはこの裁判で、「自分たちの青春を返せ」と訴えた。すでに広島高裁岡山支部、札幌地・高裁・東京地・高裁そして最高裁、新潟地裁・東京高裁などで相次いで元信者らの主張を認める判決が下されている。本章ではその出発点となった広島高裁岡山支部平成12年（2000年）9月14日判決（判例時報1755号93頁）を紹介する。

（2）同判決は詳細に事実認定をした上でこう認定した。

「1．統一教会の信者らによる一連の勧誘、教化行為あるいは経済活動は、統一教会自らが指示していると推認してもやむをえない状況にあるといえなくもないが、少なくとも、統一教会の宗教活動ないしそれと密接に関連する布教活動の一環として行われ、かつ、統一教会の教義、信仰の実践活動と認められる」「信者組織は、宗教法人たる統一教会を母体とし、その存立基盤としているのであって、統一教会の存立目的を達成するのに必要な限度と方法において、統一教会が信者組織ないしはその構成員である信者らを規律・監督することが本来予定されていると見るべく、しかも、現にこれが実行されているのであるから、統一教会において、信者組織に対する実質的な指揮監督関係があるものということができる」

「2．そして、統一教会の信者組織は、予め組織的に作成されたマニュアルに従い、構成員たる信者らにおいて有機的一体として行動し、①信者であるG、Hにおいて、統一教会の信者組織が主催する展示会等を通じて販売する商品を購入させ、あるいは統一教会への献金をさせ、ひいては統一教会の信者に勧誘する目的であるのに、敢えてその目的を隠し、原告に対し、文化サークルの勧誘であると虚言を弄し、統一教会信者組織の運営する教義伝道のためのビデオセンター『クリエイト』をサークル活動をする場所であると偽って、右センターに誘い入れ、ビデオ講座代金を支払わせてビデオ講座に入会させた上、アンケートに記入させて、原告の財産等に関する情報を収集し、②信者組織が開催した展示会に誘って絵画購入を勧めても控訴人が購入せず、手紙や電話により控訴人を誘ってもビデオセンターに原告が通ってこなくなるや、Gにおいて、さらに、実体は被控訴人信者組織の幹部によるものであるのに、クリエイトとは別のYOUなる団体が主催する占い師の講演会がある旨虚言を弄して原告を誘った上、幹部のJを、講演をしながら全国を巡り歩いている占い師であると紹介し、Jから『このままの生活を続けていたら大変なことになる。今が転換期です』とことさらに原告を不安にする言葉を言わせ」、「③原告に対し、霊界や神の存在についてのビデオを見せ、超常現象に関するビデオを見せて、霊界の存在を信じるきっかけをつくらせ、④原告に前回に引き続き、Kという女性を全国を歩いている占い師であると紹介して、原告が書いた家系図について占わせ」、「このような女性ばかりの家系はこの後途絶えてしまう」「あなたが今なんとかしなければひどいことになる」などと言わせて、原告をさらに不安にさせ」、以下略。

そして、こう判断して原告の主張を排斥した岡山地裁判決を逆転して元信者の勝訴としたのである。

「宗教団体が、非信者の勧誘・教化する布教行為、信者を各種宗教活動に従事させたり、信者から献金を勧誘する行為は、それらが、社会通念上、正当な目的に基づき、方法、結果が、相当である限り、正当な宗教活動の範囲内にあるものと認められる。しかしながら、宗教団体の行う行為が、専ら利益獲得の不当な目的である場合、あるいは宗教団体であることをことさらに秘して勧誘し、徒(いたず)らに害悪を告知して、相手方の不安を煽り、困惑させるなどして、相手方の自由意思を制約し、宗教選択の自由を奪い、相手方の財産に比較して不当に高額な財貨を献金させる等、その目的、方法、結果が、社会的に相当な範囲を逸脱している場合には、もはや、正当な行為とはいえず、民法が規定する不法行為との関連において違法であるとの評価を受けるものというべきである。

而(しか)して、前記認定したところによれば、一連の行為は、個々の行為を見ると、一般の宗教行為の一場面と同様の現象を呈するものといえなくもないものもあり、また原告は主観的には自由意思により決断しているように見えるが、これを全体として、また客観的に見ると、統一教会の信者組織において、予め個人情報を集め、献金、入信に至るまでのスケジュールも決めた上で、その予定された流れに沿い、ことさらに虚言を弄して、正体を偽って勧誘した後、さらに偽占い師を仕立てて演出して欺罔し、徒に害悪を告知して、原告の不安を煽り、困惑させるなどして、原告の自由意思を制約し、執拗に迫って、原告の財産に比較して不当に高額な財貨を献金させ、その延長として、さらに宗教選択の自由を奪って入信させ、原告の生活を侵し、自由に生きるべき時間を奪ったものといわざるをえない。

なお、本件においては、原告がマインドコントロールを伴う違法行為を主張していることから、右概念の定義、内容等をめぐって争われているけれども、少なくとも、本件事案において、不法行為が成立するかどうかの認定判断をするにつき、右概念は道具概念としての意義をもつものとは解されない（前示のように、当事者が主観的、個別的には自由な意思で判断しているように見えても、客観的、全体的に吟味すると、外部からの意図的操作により意思決定していると評価される心理状態をもって『マインドコントロール』された状態と呼ぶのであれば、右概念は説明概念にとどまる）。

そうすると、本件において、被控訴人の信者組織のメンバーが周到に計画したスケジュールに従って、有機的に連携してなした一連の行為が宗教的行為と評価しうるとしても、その目的、方法、結果が社会的に相当と認められる範囲を逸脱しており、教義の実践の名のもとに他人の法益を侵害するものであって、違法なものというべく、故意による一体的な一連の不法行為と評価されることとなる。

前記認定したところからすると、統一教会は少なくとも、その信者組織の信者らが有機的一体としてなした不法行為につき、これが統一教会の事業の執行についてなされたものとして、民法715条の使用者責任を負うべきこととなる。

原告は、統一教会の信者らが有機的一体としてなした不法行為によって、宗教選択の自由を不当に侵害された上、その人格権を侵害され、正常な日常生活を回復した後で回顧すれば、霊感商法等の反社会的経済活動をする集団に心ならずも所属しその一員として活動することとなったことにつき自責の念に苛まれ、統一教会の信者組織からの勧誘行為に端を発して棄教するまでの間、貴重な人生の日々を原告にとっては後悔のみ残る時間としてしか過ごせないことを余儀なくされたものとして、耐え難い悔しさを残していることが認められるところ、原告を慰謝するには100万円を下回らない慰謝料をもって相当とすべきことは明らかである」

最後に

法律上検討されるべき点はこれまで述べてきた点以外にも少なくない。しかし統一教会の信者らが文鮮明を神が地上につかわした「再臨のメシア」として絶対視し、地上の法よりも天法即ち文鮮明の指示を絶対視して信者らに手段を選ばない活動をさせてきたことから、前述した点以外にもさまざまな組織的違法活動がなされてきた事実がある。

2022年12月10日、「不当寄付勧誘防止法」（略称）が成立した。しかし、私たち弁連としては従前どおり統一教会に対して不法行為責任を追及し、新たな被害発生を少しでも抑止する努力を地道に重ねるしかない。その被害抑止活動によって山上被告人のような信仰2世の理不尽な苦悩が少しでもなくなるよう願うばかりである。

第8章 宗教2世問題と統一教会

正木伸城

「宗教2世」という言葉が広く知られるようになった。同語を文字どおり定義すれば「宗教的な信仰をもつ家族のもとで育った者」となるだろう。しかし現状この単語は、いわゆるカルト教団の家に生まれ育った者という意味で使われる傾向にある。そういった目を向けられている象徴的な存在が、統一教会2世である。

2022年、統一教会問題がクローズアップされ、過度な献金によって家庭が崩壊したという話を見聞きすることが増えた。霊感商法も社会問題として扱われている。恋愛に対して強い制限があることでも同教団は話題になった。菊池真理子の『「神様」のいる家で育ちました』には、統一教会2世とおぼしき女性が描かれている。彼女は、「男の子を好きになっちゃいけない」と大人から教わり、純潔を守ることを是とする環境で育った。恋愛の話が出てくるため、幼少期からテレビの視聴は禁止。恋愛に関わる漫画のページも破り取られた。そんな彼女が男性との恋を疑われた際には、父親から「先祖もろとも地獄行きだ！」「サタンになったのか」と叫ばれてしまう。

また、山口広の『検証・統一教会＝家庭連合』によると、実践トレーニングとして水行や断食が行われていたこともうかがえる。同教団は、職業・家族生活から離れ、世俗社会から隔離された信徒だけの共同生活を送る傾向があったことも以前から指摘されてきた。具体的には、教義等を徹底学習する合宿生活があげられる。その合宿の過酷さ、そして伝道や献金活動のさらなる過酷さも一部、報道がなされるようになった。

これらの話に触れると、統一教会2世が日本の一般家庭とは懸隔のある価値観のもとで育てられていたのではと感じる。そのため彼らは「かわいそうな人」として捉えられることもあるし、一方で統一教会2世の側も、2022年から始まった「宗教2世」ブームの語りの中で、「やはり私たちの苦しみは一般に理解してもらえない」と認識を新たにする可能性がある。苦しんでいる統一教会2世は存在する。被害は、看過してはならない。そのためにも、法律的な対応はもとより、信者や元信者のケア活動、たとえば自助グループをつくっての支援や、トラウマを抱える人への医療支援、トラブルについて法律相談ができる場等をより拡充していきたい。

ここで告白をしておく。私は創価学会2世である。その立場から見ても、統一教会2世の嘆きの声は、教団を擁護する文脈でしばしば用いられる「信教の自由だから」という理由等で放置してはならないと思う。

ただ、他方で私は、現今の「宗教2世」という言葉の使われ方に危惧も抱いている。この単語は今2世たちの心を時に救い、彼らが声をあげる際の拠り所になっているが、その用法の曖昧さや多義性から、新たな2世の生きづらさも一部で生んでいる。その詳細は次項に譲るが、これも看過してはならない事態だと私は思っている。なぜなら、それを見逃せば宗教2世問題の議論の発展性を削ぐことになるからだ。

専門家や当事者の中には、被害者だけでなく、たとえば「生きづらさ」を感じている2世をも包摂して丁寧に議論を展開している人がいる。そういった議論は今後につながる可能性に開かれている。その上で私が気にしているのは、今般、流行のように新たに現れた宗教2世の語りが、特にメディア発信のものやSNSなどから看取できる一般の語りを中心に、はなはだ被害者に寄る形でなされている点である。これを「被害者にのみ焦点を当てた宗教2世言説」と呼ぶなら、その問題点を私は指摘したい。

本章は、そんな問題意識をもとに宗教2世をめぐる議論を豊かにしていく足がかりを提供する試みである。

「宗教2世」という言葉の使われ方が生む生きづらさ

はじめに私の友人の話をしよう。友人を仮に「Aさん」と呼ぶ。彼女は創価学会員だ。Aさんには婚約者がいた。相手は学会員ではなく、無宗教といっていい男性である。そんなAさんと彼だが、統一教会問題が社会的に認知されるようになった際、相手の父親がこう切り出したことから婚約に暗雲が立ち込めることになった。

「統一教会というカルトが話題だが、創価学会も危ないのではないか」

「君たちに子どもが生まれたら、その子は創価学会に強制で入会させるのか？」

「あなた（＝Aさん）は2世としてどんな被害を受けているのか」

Aさんはこれに驚いた。議論は熱を帯び、Aさんと相手の男性は破談しかけてしまう（これを「破談騒動」と呼ぶことにする）。婚約者の父親は、メディアが統一教会を「カルト」と喧伝しているのを見聞きして創価学会を同列視し、心配し始めたのだという。

ちなみにAさんは学会員ではあるものの、いわば「家の宗教を継ぐ」くらいの感覚で名簿に名前があるだけの会員である。信仰活動はしていない。わが子を創価学会に入会させることも考えていなかった。宗教2世がSNS等で発信し始めた「生きづらさ」や「虐待」とも彼女は無縁である。しかしこれ以降、Aさんと婚約者、及びその親族との関係は緊張感のあるものになった。彼女は創価学会に対する誤解を解こうとし、「子どもができても入会させない」と明言したが、現状、特に婚約者の父親は懐疑的なままである。

この破談騒動から、先に述べた「宗教2世」という語の扱いの曖昧さ、多義性が生み出す生きづらさが見えてくる。

まず確認したいのは、Aさんをはじめ創価学会2世にも色々な人がいるという事実だ。熱心に信仰をしている人もいれば、教団に所属しているだけの人もいる。脱会した2世もいる。教団文化になじめず不遇な目に遭う2世もいれば、不利益を被ることなく過ごしている2世もいる。

これは統一教会2世でも同じだろう。そういった個別の事情に配慮しない議論は危うさをはらんでいると思う。

また、Aさんの婚約相手の父親は統一教会と創価学会を同列視した。のちに言及するが、両者の2世が抱える悩みは異なる。それを考慮せずに宗教2世としてすべてを一緒に見てしまうこともまた危うことである。

なぜ危ういといえるのか。右記を踏まえた上でAさんの破談騒動を見直してみよう。

前述したとおり、彼女は創価学会の信仰をもたず、創価学会の活動にもコミットしていない。2世として周囲から、たとえば「かわいそう」と思われる状況にも置かれていない。にもかかわらずAさんを「宗教2世」という言葉で括り、カルトの子だと見てしまえば、それはスティグマ（＝社会的烙印）を押す行為と化してしまう。そうした見方を押しつけられたAさんは、生きづらさを抱いた（断っておくが、これは、「創価学会は何ら問題のない団体だ」ということを主張するものではない）。

また、破談騒動が突如として生じた点にも注目したい。統一教会問題がクローズアップされるようになるまで、Aさんにとって自身が宗教2世であることは差し障りのないことだった。ところが、その後状況が一変した。同様のことは、実はAさん以外にも私のまわりで生じている。私のもとに届いた話でいえば、たとえば「創価学会員であるわが子が学校で『宗教信者（2世）だ』という理由でいじめられるようになった」という連絡があった。統一教会をめぐる一連の報道と、その中で被害者にフォーカスした「宗教2世」という言葉が、宗教一般、特に新興宗教（学術的には「新宗教」）一般のイメージダウンに貢献しているのだ。これによって生きづらさを新たに抱いた宗教2世は少ないながらも存在する。

従来から、日本人の中には宗教に対する忌避感が存在すると指摘されてきた。宗教といえば怪しげなものという偏った見方がなされることも多い。「宗教2世」という語が曖昧に扱われることによってそれらが強化され、新たな生きづらさが生まれているのである（以後、新たな生きづらさを抱いた2世を「周縁化された宗教2世」と呼ぶことにする）。これを放置すれば、信仰をもつ人の中に、やはり生きづらさを抱く人が出てしまうかもしれない。
ここに、メディアやSNSなどで広まっている現行の2世語りの危うさがある。

もちろん、カルトに注目が集まっている当座の考え方として、現今のようにひとまず「宗教2世」という言葉を用いて被害を社会に訴えやすくし、カルトへの注意喚起を促すといった発想は大事だ。これまで潜在的に悩んでいた2世が、「宗教2世」という言葉が頻用される社会になって声をあげやすくなった意義は大きい。

2022年に『宗教2世』を出版した編者・荻上チキは、被害者が声をあげることについて、「被害体験そのものを認めることや、言語化することは、それぞれの回復や健康のために、そして権利回復のためにも重要」であり、そして「気づきを与えるための正当性」がある、つまり、宗教的な被害を与えた加害者側に「相手が受けた痛み」についての気づきをもたらすという意味で正当性があると述べている。加えて荻上は、宗教2世が声をあげることで傷つく人が出てくることにも目配せしつつ、だからといって被害を受けた「2世の発言を封じ込めてしまえば、教団は自らの改善の機会を失ってしまう」とも指摘している。(1)

私もこれに同意する。

また、『みんなの宗教2世問題』で編者を務めた横道誠が示した以下の取り組みがなされることも私の望むところだ。

「(被害)当事者たちのさまざまな声」で掲載した人々の声に対して、名指しされた宗教団体の信者や、「自分は宗教被害なんて受けていない」と感じる2世信者は、反発を感じることがあるかもしれない。しかし、このように内部から出た証言を教団や信者のひとりひとりが真摯に受けとめ、改善策を模索することで、それぞれの宗教団体は、人々を幸せにし、救うという宗教の本来の役目を果たすことができる、と筆者は考える。(横道誠編、2023年、352頁、( )は引用者)

その上で、Aさんのように新たな生きづらさが生まれる状況を黙認していいかといえば、そうはしてならないとも私は思う。

問題の急所は何か。それは、「宗教2世」という言葉によって、個々それぞれで異なる信仰者や教団が「宗教2世」「宗教」という言葉によって一括りにされ、ネガティブなイメージを(追加で)付着させられている点にある。「被害者にのみ焦点を当てた宗教2世言説」によって、宗教が「被害を生み出す存在」として社会に(再)認識されてしまうのである。この議論の問題点は、「宗教2世」という語がもっている「曖昧さ」「多義性」を考慮に入れず、このように「一括りにして論じる」ことによって「周縁化された宗教2世」を含め、新たな宗教2世への排除や差別が生じ、別の形での生きづらさを生んでしまう点にある。

私は、現役の創価学会2世、宗教2世として、「被害者にのみ焦点を当てた宗教2世言説」によって周縁化された2世が生まれている現実と、その語りによって明るみになってきた過酷な被害の両方に目配せしながら、宗教2世を論じる困難さを乗り越えて丁寧に議論を進めることを促したいと思っている。もちろん、周縁化された2世には、統一教会2世で「被害を受けていない」と信じている人たちも含まれる。彼らもまた、被害を受けている統一教会2世と同じく、本来は守られるべき存在である。

各人で置かれた状況が異なる宗教2世を個人個人で見ていくべき

では、今後どのように議論を進展させていけばいいのだろうか。私は、ポイントが三つあると考えている。まず一つ目。

①虐待レベルの被害とそれ以外の被害を立て分け、前者について、まずは社会としてしっかり救済対応をしていく

宗教2世の被害の中には虐待レベルのものが含まれる。それに対しては、さまざまな施策や

法律に照らした処置で即応すべきである。たとえば、信仰を押しつける親が子どもに対して日常的に暴力をふるっていたら、それが宗教由来かどうかという話を抜きにして保護の検討を進めたい。

その上で、虐待とまではいえない2世の被害については別様の対応が必要となる。そこで、二つ目のポイントが出てくる。

②虐待レベルの被害と虐待レベルにまで至らない被害の両方についてより多くの声を集め、個人レベルと教団レベルの視点でそれらを見ていきながら、救済対応をとる

念のために確認をしておこう。「被害者にのみ焦点を当てた宗教2世言説」が周縁化された宗教2世を生む原因は、個々人や教団ごとに違うはずの信仰状況などを無視して一括りにするところにあった。まずは2世が置かれている状況の多彩さを知ることが大切だ。

それを実践する上で参照すべき調査が昨年発表された。先に紹介した荻上チキ編著『宗教2世』に掲載されている社会調査支援機構チキラボの「1131人実態把握調査レポート」である。そこでは1158件の回答が寄せられ、適切な回答を行えていなかった27件を除く、1131件が分析対象となっている。

同調査の中でも、まずは自由記述の回答に注目したい。その中には、宗教由来の被害を訴えるものから、現在も信仰に対して肯定的だという意見まである。試みにいくつか声を拾ってみよう。

信仰を軽んじて、奉仕や集会に参加しないなら死ぬ、と言われた。体罰がひどくて、殺されそうになったことも何度もある。いつもハルマゲドンへの恐怖に縛られていた。親が包丁を持っている姿を想像するように言われ、殺してでも連れて行くと言われた。（荻上チキ、２０２２年、63頁）

集会や布教に行きたくないと言うと、お尻を出して電気コードで何十回も叩かれました。皮膚が裂けました。親は、宗教活動をしないと本当に世界の終わりに滅ぼされるという教団の教えを信じていたので、これも親の愛なんだと思うように仕向けられていました。（同頁）

これは身体的虐待として見做せる話かもしれない。一方でこういった声もある。

行きたくないが、あとでなんやかんや言われるほうが面倒くさいから行っておこう、と思っていた。そして行かなかったら、不幸なことが起こったときに自分を責めてしまうと思ったので参加していた。(同書60頁)

これは虐待レベルといえるだろうか。本人は、虐待とまではいかないにしても、被害としては認識しているかもしれない。

献金の額などは詳しく知らされていなかったが、のちに離婚する父が、母が僕の大学進学のために貯めていた資金を、教団にすべて喜捨したことに怒鳴った姿を覚えている。僕自身は貧しい子ども時代を過ごし、高校を中退して働き始めたのであまり実感はないが、もし母が入信していなければ、違った人生もあったかなと思う。(同書67頁)

この声からは、強い口調ではないものの、「もし母が入信していなければ、違った人生もあったかなと思う」という言葉から「別の人生を歩めたかもしれない」という悔しさが伝わってくる。

チキラボの調査を通覧した私の感想は、彼らの訴えが「本当に多様だ」というものである。確かに、自由記述の回答として寄せられた声の多くは、その内容に強要・強制・脅迫が付随すれば「被害」になりうるものだ。そこに被害があるのなら、まずはその個別性に注目したい。その際に、さしあたって被害が虐待レベルなのかを見ていくべきだ。それを確かめるには、やはり個々の被害を「宗教2世」という大文字の主語で括って見ずに、個別に、丁寧に吟味することである。そして、虐待レベルの被害には即応し、それと並行して、虐待レベルの被害とそれ以外の声の両方を集めて実態をきめ細やかに把握できるようにすべきである。被害とまではいかなくても「生きづらさ」を感じている2世をも含み込む形で彼らの救済を推進すべきだ。

著作『宗教2世』には、横道誠が行っている宗教2世の自助グループについての詳細が述べられているが、これは救済の具体例になるだろう。こうした活動から、「宗教2世」という言葉を手がかりに参加者が新たな自己認識の獲得とエンパワーメントを受けているのである。この営みは、より多彩な宗教2世を包摂する運動として大変に価値がある。

創価学会、エホバの証人、旧統一教会——教団別に異なる「被害」

次に、チキラボの調査の中でも、教団別のデータが出ているところに注目したい。扱えるのは創価学会、エホバの証人、旧統一教会の3教団だ（ただし、同調査はSNSを介したスノーボールサンプリングという手法で行われており、無作為抽出などの操作が行われているわけではない。そのため、のちに掲出する図表8-1の数値が教団の実態を表していると捉えることはできないが、上記3教団や「その他」教団との違いやその特徴を知るための相対的な指標として参照することは可能である）。

まずは、この3教団を比較した際に有意といえる特徴を確認しよう。それは、創価学会に比べてエホバの証人と統一教会の2世による「訴え」の割合が高いということである。

チキラボの調査の中でも、宗教2世が教団や家族から求められたこと、教団や家族からなされた声かけ、生活の中で受けた強要・体罰・制限などについての45の回答項目（図表8－1）を見ると、回答者が「あった」「言われた」（2区分表記）等と答えた割合で、創価学会だけが突出して高い数値を示したのはわずか4項目だった。[2] その4項目は、いずれも創価学会が力を入れている政治活動に関わるものだった。

厳密に議論をするなら、創価学会がそれなりに高い割合を示し、エホバの証人の次点となった回答項目、具体的には「家族から『教義を理由に、特定の学校行事に参加してはいけない』と言われた」や、教団・家族から「『友人や知人への勧誘』を求められた」等も検討すべきだろう。だが、本章ではいったん議論をシンプルにするために各教団が有意と思われる割合で次点となっているものを吟味することはしなかった。

ちなみに本調査に応じた2世の脱会率を見ると、エホバの証人は88・7％、統一教会は57・8％、創価学会は29・8％だった。創価学会員は、2世として訴えの声は出すものの脱会はしないという人が比較的多いようだ。この結果は、もしかしたら各教団で2世が受ける被害の度合いの違いを示しているかもしれない。

こうして創価学会、エホバの証人、統一教会を比べると、教団ごとに「訴え」の内容が相当に異なるという、ある意味であたり前の事実が改めて見えてくる。

エホバの証人でいえば、「『街中や個別訪問による勧誘』を求められた」や「『友人や知人への勧誘』を求められた」「『教義を理由に、特定の学校行事に参加してはいけない』と言われた」といった人の割合が圧倒的に高い。統一教会でいえば、やはりというべきか、「『教団への献金』を求められた」人の割合が非常に高い。

また、私が個人的に2世の置かれた状況の過酷さを示すと感じた回答も参照しよう。同調査には、「信仰を理由にした『体罰』の強要」や「自分の身体を酷使する修行（例：冷水を浴びる、火の上を歩く、長時間同じ姿勢をとる）の強要」がなされたかどうかを聞く項目がある。その回答を見ると、体罰についてはエホバの証人が83・3％で圧倒的に多かった（創価学会は12・1％、統一教会は27・7％、その他は17・0％）。身体を酷使する修行についてはそれを教団から求められた統一教会2世が50・0％で圧倒的に割合が高かった（創価学会は8・7％、エホバの証人は9・7％、その他は13・6％）。

このように、一律に2世の被害といっても、その内実は割合においても質・度合いにおいても教団別で異なっていることがわかる。ここは切り分けて議論すべきだ。

団別に整理した一覧

創価学会	エホバの証人	旧統一教会	その他
90.8%	95.6%	82.2%	72.8%
91.0%	98.2%	95.7%	86.4%
80.7%	95.5%	84.4%	62.8%
85.4%	95.2%	89.4%	69.0%
60.7%	76.1%	63.6%	37.3%
46.6%	68.9%	57.8%	32.4%
83.1%	74.8%	70.5%	59.1%
70.8%	61.1%	63.0%	55.5%
78.7%	95.8%	83.0%	80.3%
18.7%	42.7%	46.7%	36.4%
37.9%	57.9%	60.5%	41.2%
31.9%	51.5%	57.8%	41.8%
43.1%	68.3%	86.0%	34.0%
31.7%	52.5%	70.5%	30.4%
60.2%	97.5%	90.9%	50.8%
57.1%	97.0%	87.2%	53.2%
9.8%	87.4%	65.1%	26.0%
11.5%	82.8%	46.7%	26.2%
28.9%	42.9%	53.5%	28.3%
24.5%	41.6%	36.4%	26.7%
46.1%	64.6%	68.2%	37.1%
42.5%	60.5%	52.2%	40.6%
16.1%	83.9%	87.2%	27.2%
24.2%	92.5%	37.8%	22.8%
13.2%	90.2%	19.6%	16.5%
51.2%	73.4%	26.7%	35.3%
31.6%	60.1%	17.4%	27.4%
18.7%	98.1%	9.1%	11.2%
24.2%	94.5%	6.5%	13.4%
12.1%	83.3%	27.7%	17.0%
15.4%	66.7%	12.8%	18.2%
32.8%	57.0%	34.9%	21.2%
23.3%	43.8%	67.4%	41.9%
36.6%	50.9%	75.0%	46.4%
28.0%	27.8%	63.8%	43.3%
8.7%	9.7%	50.0%	13.6%
9.6%	13.4%	44.7%	13.7%
24.7%	28.8%	86.7%	31.6%
19.3%	24.1%	82.2%	28.5%
34.4%	37.8%	50.0%	29.6%
61.3%	2.5%	27.3%	11.2%
43.3%	1.8%	26.7%	10.1%
74.3%	0.0%	25.0%	9.9%
58.0%	0.6%	15.6%	7.6%
36.6%	36.5%	36.2%	32.1%

図表8-1　チキラボの調査の各回答項目をパーセンテージの多寡で教

頻繁・何度も・たまに「あった」と回答した人の割合	回答項目
3教団ともに高い	教団から「儀式や集会、研修などの教化・教学活動への出席」を求められた
	家族から「儀式や集会、研修などの教化・教学活動への出席」を求められた
	教団から「毎日、祈りや読経の時間を確保すること」を求められた
	家族から「毎日、祈りや読経の時間を確保すること」を求められた
	教団から「他の信者も頑張ってるから君もがんばれ」と言われた
	家族から「他の信者も頑張ってるから君もがんばれ」と言われた
	教団から「信心のおかげで成功できたんだね」と褒められた
	家族から「信心のおかげで成功できたんだね」と褒められた
	信仰に関連する行事などへ参加を強要された
エホバの証人と旧統一教会2教団がともに高い	家族から「社会奉仕活動への参加」を求められた
	教団から「教団の関連団体への所属、就労、奉仕」を求められた
	家族から「教団の関連団体への所属、就労、奉仕」を求められた
	教団から「信者でない人々よりもあなたは優れているのだ」と言われた
	家族から「信者でない人々よりもあなたは優れているのだ」と言われた
	教団から「教義に反することはしてはいけない」と言われたことがある
	家族から「教義に反することはしてはいけない」と言われたことがある
	教団から「科学的知識や学校で学んだことは間違っている」と言われた
	家族から「科学的知識や学校で学んだことは間違っている」と言われた
	教団から「不信心なあなたのせいで、家族が不幸になる」と言われた
	家族から「不信心なあなたのせいで、家族が不幸になる」と言われた
	教団から「不信心なままだと、あなたが不幸になる」と言われた
	家族から「不信心なままだと、あなたが不幸になる」と言われた
	信仰を理由に「恋愛や交友関係」を制限された
エホバの証人が突出して高い	教団から「街中や個別訪問による勧誘」を求められたことがある
	家族から「街中や個別訪問による勧誘」を求められたことがある
	教団から「友人や知人への勧誘」を求められたことがある
	家族から「友人や知人への勧誘」を求められたことがある
	教団から「教義を理由に、特定の学校行事に参加してはいけない」と言われた
	家族から「教義を理由に、特定の学校行事に参加してはいけない」と言われた
	信仰を理由にした「体罰」を強要された
	信仰を理由に「学業や職業選択の自由」を制限された
	信者であることが理由で学校や友人、恋人や会社・職場などから理不尽に対応された
旧統一教会が突出して高い	教団から「社会奉仕活動への参加」を求められた
	教団から「教団への献金」を求められた
	家族から「教団への献金」を求められた
	教団から「自分の身体を酷使する修行」を求められた
	家族から「自分の身体を酷使する修行」を求められた
	教団から「あなたは神や教祖に選ばれた特別な子だ」と言われた
	家族から「あなたは神や教祖に選ばれた特別な子だ」と言われた
	教団から「不信心だから、思ったような結果にならなかったのだ」と言われた
創価学会が突出して高い	教団から「選挙集会への動員や選挙ボランティアへの参加」を求められた
	家族から「選挙集会への動員や選挙ボランティアへの参加」を求められた
	教団から「選挙時における友人や知人への投票呼びかけ」を求められた
	家族から「選挙時における友人や知人への投票呼びかけ」を求められた
3教団・その他ともに同程度	家族から「不信心だから、思ったような結果にならなかったのだ」と言われた

(注) 回答項目の表記は趣旨を違えない範囲で書き換えた。

ただ、勘違いをしないでほしい。たとえば、上記の「体罰」の強要において、創価学会はその他も含めた教団比較で最も低い割合を示したが、本章は、それをもって創価学会が体罰を行わない「良い宗教である」と論じたいわけではない。それぞれの教団には、程度の違いはあるにせよ虐待と呼べるものがある。その中には教団や教義に由来するものと、個別的な親に由来するものがあることがチキラボの調査からわかってくる。宗教由来の虐待という事象に社会的に取り組む上で、この二つを切り分けて論じることも重要だとここでは述べているに過ぎない。右記のように教団別に被害を見ることで初めて各教団のどこに問題があるのかが見えてきたり、あるいは「この教団はさすがに社会的に問題があるのでは」といった個別の議論もできることになる。

宗教２世問題を社会問題としてアップデートする

さて、宗教2世の議論を発展的にしていくためのポイント三つ目に話を移そう。

③「被害者にのみ焦点を当てた宗教2世言説」に周縁化された宗教2世を、また、より多彩な宗教2世を包摂し、宗教2世問題を社会問題として順次アップデートしていく

②で述べたとおり、まずは現状の被害について声にされたものを集めたい。その上でAさんのような周縁化された宗教2世の声も集めていくことを私は勧める。そうすることによって「被害者にのみ焦点を当てた宗教2世言説」の偏りを受け止めつつも更新することができるようになるからだ。これが、周縁化された宗教2世を③によって包摂する意図である。

ざっくりとした言い方になるが、宗教にはまともなものも多数存在する。そういった宗教が今般の2世語りによって偏見にさらされるからこそ周縁化された宗教2世が生まれている。この事実を周知することで、被害のみを強調することの危うさを社会に訴えることができれば、宗教2世に対する議論・世論をより包摂的なものにすることができるはずである。

そこで必要になるのが、周縁化された宗教2世の声を集める営みなのだ。

それを行った上で、収集された声をもとに2世の被害を社会問題としてアップデートしていけば、被害を受けた宗教2世に対する社会的ケア――それこそ、横道誠が運営している自助グループのようなケア活動――への接続も、よりスムーズなものにできるかもしれない。

次に、物事が社会問題化していくプロセスを確認しよう。参照したいのが、ジョエル・ベストの『社会問題とは何か』で提示されたスキームである。同書によれば、社会問題は「社会的構築である」と見做すことができる。社会的構築とは、誤解を恐れずに言い換えれば、特定の状態が社会問題になった時に、その社会問題は歴史的に、または文化的に「つくられたもの」

「構築されたもの」だという話である。

児童虐待を例にとって説明しよう。

今でこそ解決すべき社会課題として認識されている児童虐待だが、数十年前までは特殊な家庭の問題であり、例外に過ぎないと考えられていた。何かが起きたとしても、それは個別の「事件」として処理された。そのため児童虐待は――言葉を選ばずに言えば――認知されていなかったという意味で「存在しなかった」。「児童虐待」という言葉も、もとは使われていなかった語である。

しかし、多くの被害の訴えが蓄積され、メディア等で報道されるにつれて、社会は徐々にその訴えに注目していく。そして、やがて訴えの内容に「児童虐待」という命名がなされる。すると、多くの訴えが「事件」から児童虐待の「事例」という扱いに変化する。それが大衆の中に受け入れられ、児童虐待という社会問題が構築され始めるというのが、ジョエル・ベストが紹介したスキームだ。

現在では、一般家庭でも発生する問題として児童虐待には広く関心が向けられている。虐待の定義をめぐる議論も侃々諤々（かんかんがくがく）となされ、現況のように「身体的虐待」「心理的虐待」「性的虐待」「ネグレクト」といったカテゴライズができるほどにまで話も進んだ。

ちなみに「これは児童虐待である」「これは違う」といった判断は、実際には相当に難しい。

その尺度になるものは何かといえば、一つは社会的規範である。社会的規範からあまりに逸脱した行為があれば、それを「虐待」と見て、だから「〜すべき」と論じていくのが筋である。ジョエル・ベストは、この「〜すべき」という主張の正当性を説明するものが、まさに社会的規範ともいうべき「価値観」なのだと論じつつ、一方でそれにまつわる課題を提示している。彼はその「価値観」について、「すべてではなくともほとんどの人が支持できるような、曖昧な規範で表現される傾向がある」（同書56頁）と述べている。ある事例について、それが児童虐待かどうかを判断するための社会的規範ないし価値観、いわば「一般的には〜」「ふつうは〜」といった参照項は曖昧で漠然としているというのだ。

しかも、その「一般」「ふつう」は時代・場所・個人によって変化する。現代日本における「ふつう」が外国に行けば「ふつう」でなくなるという体験をしたことのある人は多いだろう。「ふつう」とは相対的なものだ。それに照らして児童虐待を定義しようとしても容易に定まらないことは想像に難くない。

このことを理解した上で、それでも社会的規範に照らしながら、いわば「社会的合意」をつくっていくことで、宗教2世問題についてもアップデートしていけたらと思う。

加えてジョエル・ベストは、そういった「一般では〜」「ふつうは〜」といった価値観は主観的にならざるをえないという立場をとっている。もっといえば、彼はそもそも「すべての社会問題に共通する一つの性質は、それが主観的であるということである」（同書332頁）と述べている。この意味でいえば、どこまでいっても重要なのは、社会の構成員である一人ひとりが問題に関心をもち、あなたにとっての主観的な「ふつうは〜」「一般では〜」の感覚に照らして判断をし、その判断と考えを「宗教2世問題を社会問題としてアップデートする社会的な流れ」に結集して社会的合意を生み出していくことだといえる。

その過程を踏まえれば、宗教2世問題はより包摂的な議論へと変貌をとげ、宗教2世の被害もより繊細に吟味される土台がつくられるだろう。

宗教2世問題の今後を考える――LGBTの権利運動を参考に

とはいえ、宗教2世問題の被害に周縁化された宗教2世の声を包摂していくのは容易ではない。周縁化された宗教2世が「被害者にのみ焦点を当てた宗教2世言説」によって生きづらくさせられている状況を緩和しようとすると、どうしても現行の2世語りに転換を迫らざるをえなくなるからだ。それは、「いたずらに被害を訴えないでくれ」という主張に結実しがちだし、そういった趣旨を看取した宗教2世は、あたかも「宗教2世」という言葉や被害を訴える権利が奪われるようだと感じるだろう。

ここにはジレンマがある。

ただ、時間をかければこのジレンマもほどけてくると私は思っている。なぜそう信じられるかというと、私はその達成の先例をLGBTの運動に見ているからだ。

LGBT、すなわち性的マイノリティは、歴史の中で長らく、あるいは現在進行形で差別や偏見にさらされてきた。幾万の性的マイノリティが個人的かつ集合的に自分たちを取り巻く社会の状況を変え、差別や偏見をなくすためのアクティブな主体として運動を開始したのは、ここ数十年、もっといえば最近のことだ。LGBTの人たちは、その中で市民権・公民権を獲得していった。

そのプロセスや歴史を参照すると、運動の淵源には大抵の場合、LGBT（L＝レズビアン、G＝ゲイ、B＝バイセクシュアル、T＝トランスジェンダー）の中でもゲイの解放運動に端を発した動きがあったことがわかる。彼らは自分たちが不当に扱われていることに異議申し立てをしつつ、それを社会問題化していった。そして、レズビアンやバイセクシュアル、トランスジェンダーといった他の形で性のアイデンティティをもつ人たちと場合によっては連携し、場合によっては個別に権利獲得の運動を展開していった。

性的マイノリティといっても、「L」「G」「B」「T」それぞれで課題や運動へのコミットの仕方は異なる。わかりやすい例でいえば、レズビアンは、性的指向に基づく差別に加えて女性差別とも闘っている。女性差別は、LGBTコミュニティの「外」だけでなくコミュニティ「内」

にも存在した。そのため、彼女たちはしばしばフェミニストと共闘してきた。また、トランスジェンダーには、性別移行のための手術やホルモン治療といった、シスジェンダー（＝性自認〈自分の性をどのように認識しているか〉と生まれた時に割り当てられた性別が一致している人のこと）のゲイやレズビアンとは異なる葛藤がある。それゆえ、たとえばゲイ解放運動の中でゲイ等からその差異を無視されがちだったトランスジェンダーは、別個の運動組織を立ち上げてきた。レズビアンの運動体も、ゲイ解放運動の中から個別に多様な形で生まれていった。

ＬＧＢＴの運動の歴史は、相互利害等の不一致によって対立が生じた事例をもつ。しかし、概してＬＧＢＴの運動は、過去の対立を乗り越えて発展・拡大してきた。そこには、それまで認知されなかったがゆえに「存在しない」とされてきたセクシュアリティを包摂してきた歴史もある。近年は「Ｑ＝クィア（＝規範的とされる性のあり方以外を包括的に表す言葉）」を「ＬＧＢＴ」に加えて「ＬＧＢＴＱ」と表現するケースが多くなったし、たとえば「Ｘジェンダー（＝性自認が男女どちらでもない、どちらとも言い切れない、いずれにも分類されたくない等の人）」や「インターセックス（＝先天的な生殖系・性器などの身体的性が男性にも女性等にもあてはまらない人）」等を含み込むワードが新たに使われることも増えてきた（「ＬＧＢＴＱ＋」等）。

宗教2世が受ける「教団・親からの加害」と「社会からの加害」

ＬＧＢＴの運動に発展性や永続性が出てきているのはなぜか。その理由をうかがわせる話として私が注目しているのが、ジェフリー・ウィークスが『われら勝ち得し世界』で行った指摘である。

彼は、ゲイ解放運動の特徴を述べる文脈において、同性愛が社会的構築（この意味については先に紹介した）によるものであり、その論理的帰結として異性愛の社会的構築を論じる理論が現れたと語った（同書１４４頁）。これは、同性愛の問題が社会的につくられたものであるのと同じように、異性愛こそが「ふつう」であるという理解も社会的につくられた物語なのだとの主張が現れたという話である。

ゲイ解放運動は、異性愛こそがあたり前なのだというマジョリティの「ふつう」という感覚や、それを前提とした家族観、制度的性格が同性愛を抑圧してきたという事実を告発した。マジョリティ側からなされる無意識的な「ふつう」の押しつけが、マイノリティを苦しめてきたのだ（この構図を、「社会からの加害」と呼ぶことにする）。マジョリティの「ふつう」が歴史的につくられたものであれば、「それ」は変えることができる――この事実を共有し合うことが、ゲイ解放運動の中核的な考え方になっていったと同書は指摘している。

そしてこの考え方は、LGBTの運動の包摂力を高める要因の一つになったと私は見ている。なぜなら右記の主張は、異性愛／同性愛という二分法すらも歴史的につくられたものであるという結論を必然的に導き出すからだ。そうなれば、セクシュアリティはもはや同性愛・異性愛だけでは語れなくなる。新たなセクシュアリティが認知されれば、その人たちも含めて議論しようという話になる。Xジェンダーが認知されればXジェンダーが加わるのだ。今後も新しい立場が認知されれば、その都度、新たな人たちは包摂されていくだろう。

同じことは宗教2世をめぐる運動でも起こすことができると思う。なぜなら、宗教2世が受けている被害にも、「親や家族からの加害」の他に「社会からの加害」が影響しているからである。このことはのちに詳述する。まずは2世が受ける「社会からの加害」の具体例を見ていこう。

宗教2世が受けている社会からの加害とは何か。ここで『「神様」のいる家で育ちました』の力を再び借りる。同書には、崇教真光の2世とおぼしき子どもが出てくる。彼は信仰的な理由から装飾品をつねに着用しなければならなかった。そのため、他の児童（あるいは生徒）から「男のくせにネックレス〜」などとからかわれた。

この事例について少し考えてみてほしい。

果たして、悪いのは装飾品をつける側だろうか？　それともからかう側だろうか？

もちろん、子どもたちの社会の「ふつう」に照らして奇異だと映る装飾品を2世の子につけさせる「親や教団が悪い」という主張は成り立つ。これは、「親や家族からの加害」という視点からなされる批判である。

一方で、装飾品をつけている「から」といって「その子をからかってもいいのだ」という話にはならないという主張も成り立つ。あたかも「いじめ」において、いかなることも「いじめていい理由」にしてはならないのと同じように、「からかい」そのものを肯定してはならない。しかし、この例においては、その倫理に反して加害が起きた。これが「社会からの加害」である（念のため確認だが、この話には、「崇教真光は何ら問題がない宗教である」ということを主張する意図はない）。

別の話をしよう。以前Twitterで、統一教会の信者であることが雇用主に知られ、解雇されたというツイートがあった。これは、解雇される側が悪いのだろうか。当該解雇は、いわば宗教をめぐる差別をもとにした不当解雇であり、許されないことだ。仮に統一教会が反社会的な教団だと見做されていたとしても、それは「解雇してもいい」理由にはならない。悪いのは解雇する側である。この「宗教をめぐる差別をもとにした不当解雇」が「社会からの加害」である。

もう一例、言及しておきたい。たとえば、宗教上の理由でクリスマスを祝えない宗教2世がいるとしよう。その2世が周囲から「おかしいんじゃないの？」とバカにされた場合、悪いのはクリスマスを推奨しない個人あるいは教団なのだろうか。「クリスマスも許されないなんて偏狭な宗教だ」と言う側に理を見るとしたら、それは「親や家族からの加害」の視点に立った見方だ。

その上で、やはり「バカにする」行為自体は「社会からの加害」という側面を含む。こう書いてもピンとこない読者もかなりいるだろう。なぜなら、社会からの加害の多くは無意識的になされるからである。いわゆる「ふつう」とされることの押しつけが問題であるにもかかわらず、その「ふつう」は「ふつう」であるだけにほとんど意識されない。

クリスマスの話を続けよう。これはステレオタイプの言い方にはなるが、日本人は「結婚式やクリスマスはキリスト教で」「葬式は仏教で」「初詣は神社で」といった混淆した宗教意識をもつとされる。このスタンスはたびたび海外から不思議がられ、時に非難される価値観でもある。だが、日本ではそれが「ふつう」であるため、通常は特に意識されない。

しかし、先のクリスマスを祝わないことへの批判が、こうした日本独特の「ふつう」の宗教意識に照らして生まれているのだとしたらどうか。この時に宗教2世に抑圧を与えているのは、社会の側の「ふつう」である。その「ふつう」の押しつけが「社会からの加害」を生む。

これらを論じる際に、宗教の側のおかしさを指摘するだけではフェアではない。同時に、日本社会の宗教意識のおかしさも議論すべきだ。

先にも述べたが、ＬＧＢＴの人たちは、社会の側の「ふつう」が社会的構築によるものだということを告発した。そしてその告発は、マジョリティの「ふつう」に疑義を呈し、むしろ「もしかしたら社会の方がおかしいのでは?」とマジョリティに思わせることにつながった。そこから「本当におかしい『差別』や『偏見』」と闘ってきたのである。

同様にして、宗教2世も日本社会の「ふつう」のおかしさを問うてみるといい。

ここで注目したいことがある。それは、「社会からの加害」については、現行の宗教2世語りによって被害を訴えている人も、また周縁化された宗教2世も、ともに問題視できるという点である。すなわち、社会からの加害については両者で共闘することができるのだ。特に、前者・後者ともに宗教に対する社会からの偏見、忌避感にさらされているという点で同じだという事実は見逃せない。

先の崇教真光2世の例であれば、宗教的な装飾品をつけているために「からかわれた」こと、そこには「社会からの加害」の側面がある。そういった加害を極力減らしていくことは、立場を超えて宗教2世が目的として共有できる部分だと思う。

そういった社会からの加害に立ち向かう中で、さまざまな立場の宗教2世が連帯できる可能性が開かれてくる。現状、宗教2世の語りは、社会的には被害者に寄っているが、別様の宗教2世を包摂していく時の足がかりとなるのが、社会からの加害に対するこの共闘意識である。

「日本社会の『ふつう』といっても、それは現代の、この一時期の、一地域(たとえば日本)限定の価値観に過ぎず、だからこそ『ふつう』について問い直さなければならない」「その『ふつう』が『ふつう』だと感じられない人や社会もあるし、その人たちには、日本社会の『ふつう』の押しつけを拒む権利がある」

ここを訴えていくことを基盤に宗教2世問題を社会問題として順次アップデートしていけば、議論や運動は発展性をたたえるようになるだろう。

とはいえ、現状はやはり困難な状況にある。おそらく多くの宗教2世は、「社会からの加害」を意識していない。被害の声をあげている2世の多くは、被害について「親や家族からの加害」だと受け取っている。そのため、まずは宗教2世が「社会からの加害」を可視化し、共有し合う必要がある。③の取り組みで初めに手をつけるべきはそこだ。また、今は統一教会が「社会からの加害」を盛んに唱えている状況でもある。ここは、「社会からの加害があるからといって、その教団に被害者としての居直りを許してはならない」「教団が加害しているのであれば、その加害は加害として切り分けて論じるべき」という前提のもとに議論を進めたい。

統一教会問題によって宗教2世問題を社会問題としてアップデートする大きな機会が生まれた。宗教2世がこの機を逃さないために、本章のような取り組みをもとに最適な運動の展開を模索していければと思う。当事者の私も、そうしていきたい。それが、今般の宗教2世問題を解きほぐすことになるからである。

【注】

(1)「AERAdot.」掲載「教団は「信者の感情が傷つく」という言葉を盾に使うな」荻上チキ(評論家)×菊池真理子(漫画家)が語る「宗教2世」問題とは」。https://dot.asahi.com/dot/2023020800021.html

(2)質問によって付されることのある「0-5歳」「6-9歳」といった年齢段階(期間)別の割合比較は考慮に入れていない。

【参考文献】

菊池真理子『「神様」のいる家で育ちました~宗教2世な私たち』文藝春秋、2022年
山口広『検証・統一教会=家庭連合——霊感商法・世界平和統一家庭連合の実態』緑風出版、2017年
荻上チキ編著『宗教2世』太田出版、2022年
横道誠編『みんなの宗教2世問題』晶文社、2023年
ジョエル・ベスト『社会問題とは何か——なぜ、どのように生じ、なくなるのか?』赤川学監訳、筑摩書房、2020年
ジェフリー・ウィークス『われら勝ち得し世界——セクシュアリティの歴史と親密性の倫理』赤川学監訳、弘文堂、2015年

あとがき

2022年7月8日の安倍元首相の銃撃殺害事件から時が経過するとともに、犯行の動機が旧統一教会（世界基督教統一神霊協会、現世界平和統一家庭連合）への恨みにあることが日に日に明らかになっていった。また、旧統一教会がきわめて多くの人権侵害を犯し、市民から財産を収奪したり信教の自由や行動の自由を侵害する行為を重ねてきたこと、さらに信徒からもあるだけの資産を処分させ、借金をさせるなどして収奪を重ね、家族崩壊を起こすなどの事態が多々起こってきたことが報道されるようになった。

本来なら取締りを受けるはずの事態が長く見逃されてきたのだがそれはなぜなのか。また、日本人からの搾取を正当とするような教えを公言してきた、外国に本拠のある宗教団体を日本の政治家が積極的に支持し、長期にわたって厚い協力関係を保つような事態がなぜ生じたのか。多くの報道がなされ、著作物も多数刊行されてきてはいるが、これらの問題はなかなかその答えが見えてこない。本書はこれらを「統一教会問題」として捉え、複雑な背景事情を探りつつ、それらを解きほぐしていくのに貢献することを目指して編集されたものだ。

統一教会問題をめぐって、すでに多くの議論がなされている。なかでも有力な捉え方は、「カルト」という用語を手がかりにしようとするものだ。「カルト」は、その社会において異端的な宗教集団を指す場合が多い。確かに世界各地で「カルト」の暴力が問われた時期があった。統一教会は「カルト」のなかでも目立つものとして注目された。統一教会問題を「カルト問題」と捉えることで、一歩、前へ進むことができるのではないか。当初、このような期待をもった人は多かったことだろう。

では、「カルト」という言葉を用いることで、統一教会問題にどこまで応じることができるだろうか。1970年代から90年代にかけて欧米諸国を中心に「カルト」（フランスでは「セクト」）が新たな問題となり、「カルト」がもたらす被害にどう対応するかが問われた。日本では95年にオウム真理教地下鉄サリン事件があって、「カルト」対策が重要な課題として認識されるようになった。問題は「カルト」と呼ぶような団体がなぜ勢力を伸ばし、多くの被害をもたらすような事態が生じるのかということである。この問いに応じようとすると、「カルト」という用語はその概念があいまいであるだけにさほどの解明力をもっていない。なぜならば「カルト」と呼び、「カルト対策」を講じることで解決するという問題にとどまらない、さまざまな問題が浮かび上がってくるからだ。

これについては、個々の事例に即して考えていく必要がある。統一教会の場合、特に人権侵害が長期にわたって続き、その被害の規模が大きいことが特徴である。そして、韓日米の戦前・戦後の歴史、日本や韓国の新宗教とキリスト教の歴史、第二次世界大戦後の政治と宗教の複雑な関係、それぞれの社会の宗教集団に対する向き合い方などの問題が関わっている。本書が統一教会問題と捉えるのは、これらの問題である。本書はこうした問題に探りを入れ、「統一教会問題を解きほぐす」ことを呼びかけて執筆者に寄稿をお願いしたものである。

統一教会問題と取り組んできた研究者や弁護士の方々、日本の新宗教の研究に取り組んだり、新宗教の当事者としての発言をしてきた方々、日本と韓国の宗教史に取り組んできた方々にご寄稿を依頼し、力作論文・評論をいただき、「統一教会問題を解きほぐす」という点で、独自の貢献を行う書物にまとまったと考えている。「これだけは知っておきたい」というのは、やや野心的なタイトルだが、編者としては統一教会問題の理解に「必須」の知的資源の蓄積に役立つものとの自負はある。編集の労をとっていただいた渡辺智顕、今井章博の両氏に、この場を借りて謝意を表したい。

宗教団体が多くの市民に被害を及ぼすようなことが二度と起こらぬようにしたいものだ。また、私たちの生活実践や思想において重要な要素を占めている宗教が、危ういものへと転じる可能性を含めて、その存在意義への適切な認識が広まっていくことが望ましい。そのためにも、本書が多くの読者の目にふれ、さらに討議と考察が進み、統一教会問題の解明が進むことを願っている。

2023年7月

島薗進

中西 尋子（なかにし ひろこ）：第4章

宗教社会学者。大阪公立大学大学院都市文化研究センター研究員。1964年、大阪府生まれ。龍谷大学大学院社会学研究科社会学専攻博士課程単位取得退学。博士（社会学、甲南大学）。主な研究領域は、韓国系キリスト教会、カルト問題。共著に『統一教会――日本宣教の戦略と韓日祝福』『越境する日韓宗教文化――韓国の日系新宗教 日本の韓流キリスト教』（以上、北海道大学出版会）、『異教のニューカマーたち――日本における移民と宗教』（森話社）などがある。

藤本 拓也（ふじもと たくや）：第6章

金光教国際センター次長。関西福祉大学非常勤講師。1980年、東京都生まれ。東京大学大学院人文社会系研究科博士課程修了。博士（文学）。主な研究領域は、民衆宗教、宗教とジェンダー。共著に『スピリチュアリティの宗教史〈上巻〉』『霊と交流する人びと――媒介者の宗教史〈上巻〉』（以上、リトン）。共訳書にアラン・コルバン編『キリスト教の歴史――現代をよりよく理解するために』（藤原書店）がある。

山口 広（やまぐち ひろし）：第7章

弁護士。全国霊感商法対策弁護士連絡会代表世話人。1949年、福岡県生まれ。東京大学法学部卒業。日本弁護士連合会消費者問題対策委員会委員長、内閣府消費者委員会委員などを歴任。MRI被害弁護団、ジーオーグループ被害弁護団、スルガ銀行不正融資被害弁護団などの各弁護団長、日航機墜落事故（御巣鷹山）と中華航空機墜落事故（名古屋）の被害者団の代理人なども務める。著書に『検証・統一協会』（緑風出版）、共著に『ドキュメント埼玉土曜会談合』（東洋経済新報社）、『宗教トラブル110番』（民事法研究会）、『くらしの相談室 消費者トラブルQ&A』（有斐閣）、『自立への苦闘』（教文館）などがある。

正木 伸城（まさき のぶしろ）：第8章

ライター。マーケター。フリーランス広報。1981年、東京都生まれ。創価中学、創価高校、創価大学工学部情報システム学科卒業。2004年、創価学会本部職員となり、機関紙「聖教新聞」の記者に。その後、2017年に学会本部を退職、一般企業へ。IT企業2社、人材ビジネス大手1社で広報やマーケティングを担当。2021年に独立し、現職。著書に『宗教2世サバイバルガイド』（ダイヤモンド社）がある。

編者・執筆者紹介（※：編者）

島薗 進（しまぞの すすむ）※：序章、第5章、あとがき

宗教学者。上智大学グリーフケア研究所客員所員。大正大学客員教授。東京大学名誉教授。NPO法人東京自由大学学長。日本宗教学会元会長。1948年、東京都生まれ。東京大学文学部宗教学・宗教史学科卒業。同大学大学院人文科学研究科博士課程単位取得退学。主な研究領域は、近代日本宗教史、宗教理論、死生学。著書に『宗教学の名著30』『新宗教を問う』（以上、ちくま新書）、『国家神道と日本人』（岩波新書）、『教養としての神道』（東洋経済新報社）などがある。

佐々 充昭（さっさ みつあき）：第1章

宗教学者。立命館大学文学部教授。1964年、愛知県生まれ。早稲田大学理工学部建築学科卒業。ソウル大学校大学院宗教学科修士課程・博士課程修了。博士（哲学）。主な研究領域は、韓国・朝鮮の新宗教、東アジア宗教思想史。著書に『朝鮮近代における大倧教の創設：檀君教の再興と羅喆の生涯』（明石書店）、共著に『韓国社会と宗教学』（ソウル大学校出版文化院：韓国語）、『間島と韓人宗教』（韓国学中央研究院：韓国語）などがある。

川瀬 貴也（かわせ たかや）：第2章

宗教学者。京都府立大学文学部教授。1971年、大阪府生まれ。東京大学文学部宗教学宗教史学科卒業。同大学大学院人文社会系研究科博士課程修了。博士（文学）。主な研究領域は、日韓近代宗教史。著書に『植民地朝鮮の宗教と学知』（青弓社）、共著に『政治化する宗教、宗教化する政治（いま宗教に向きあう4）』（岩波書店）、『植民地帝国日本における知と権力』（思文閣出版）などがある。

永岡 崇（ながおか たかし）：第3章

宗教学者。駒澤大学総合教育研究部講師。1981年、奈良県生まれ。大阪大学大学院文学研究科博士後期課程単位取得退学。博士（文学）。主な研究領域は、近代宗教史、日本学。著書に『新宗教と総力戦』『宗教文化は誰のものか』（以上、名古屋大学出版会）、共編著に『日本宗教史のキーワード』（慶應義塾大学出版会）などがある。

これだけは知っておきたい　統一教会問題

2023年9月12日発行

編　者――島薗　進
発行者――田北浩章
発行所――東洋経済新報社
〒103-8345　東京都中央区日本橋本石町1-2-1
電話＝東洋経済コールセンター　03(6386)1040
https://toyokeizai.net/

装　丁………竹内雄二
ＤＴＰ………アイランドコレクション
印　刷………ベクトル印刷
製　本………ナショナル製本
編集協力……今井章博
編集担当……渡辺智顕

Printed in Japan　　ISBN 978-4-492-22413-7